8.5.15

50 Dinge, die ein

Norddeutscher

getan haben muss

Alles Gute zum

Geburtstag !

Dein

Werner

Mousem

© 2011 Edel Germany GmbH, Hamburg

www.edel.com

3. Auflage 2012

Lizenziert durch Studio Hamburg Distribution und Marketing GmbH

Projektkoordination Edel: Dr. Marten Brandt, Nina Schnackenbeck

Konzept und Redaktion: Ulfert Becker, Christopher Braun

Layout, Herstellung und Satz: Ulf Carstensen, UpFront Presse

Umschlagabbildung vorn: © Ulfert Becker (Figur), Andreas Kluge
für fotografirma (Hintergrund) | www.fotografirma.de

Umschlaggestaltung: Groothuis, Lohfert, Consorten, Hamburg | www.glcons.de

Druck und Bindung: optimal media GmbH

Printed in Germany

ISBN 978-3-8419-0112-5

NDR

50 Dinge, die ein
Norddeutscher
getan haben muss

Ulfert Becker | Christopher Braun

EDEL

Inhalt

50 Dinge, die ein Norddeutscher getan haben muss …

„… ach, die kann man doch ganz schnell an einer Hand abzählen!"

Das sagt sich so leicht – alsbald blickt man aber peinlich berührt auf die fünf Finger, die man gerade in die Höhe hält – und beginnt zu stottern …

Zumindest uns, den Autoren dieses Buches, ging es so, nachdem wir – unabhängig voneinander – von drei sehr netten Redakteuren des NDR-Fernsehens gefragt wurden, ob wir nicht Lust hätten, eine Sendung zu diesem Thema zu machen. Klar hatten wir Lust – als waschechten Nordlichtern war es uns eine Ehre, an diesem norddeutsch-fundamentalen Projekt teilnehmen zu dürfen!

Schon während der Planungsgespräche stellten wir jedoch fest, dass die Fragestellung des Projektes ihre Tücken hatte: Denn was sollte wirklich *jeder* Norddeutsche einmal gemacht haben? Was ist wirklich so einzigartig im Norden, dass man es *nur hier* und *nur als Bewohner dieser Region* unbedingt getan haben *muss*?

Was die Hand vorschnell hochtrieb – das waren am Ende doch zumeist eher regionale Angelegenheiten: einen Wunschbrief in den Hochzeitsbaum von Eutin stecken, ein sehr spezielles Getränk mit einem ausgesprochen ekeligen Namen in einem anrüchigen Lokal auf dem Hamburger Berg trinken, ein Fußballspiel von … ja, was denn nun: dem FC Sankt Pauli oder doch eher Hannover 96? sehen … Das alles war nicht *generell* norddeutsch, nur *partiell* …

Klar, ein paar Sachen lagen schon auf der Hand: Ein Norddeutscher muss z. B. einfach mal im Watt gewesen sein, Grünkohl essen und auf das Wetter sch…! Den besonderen *Kick* lieferten aber erst die Fernsehzuschauer, Radio-Hörer und Internet-User des NDR, die dazu aufgerufen wurden, uns *ihre* persönlichen Favoriten mitzuteilen; am Ende hatten wir über 200 Vorschläge beisammen – und damit die Qual der Wahl. Diese mussten wir allerdings nicht alleine treffen: Im Internet konnte jeder ein Votum für seinen persönlichen *Liebling* abgeben – die meisten Stimmen gingen übrigens an den Vorschlag *Poppen am Strand* …

Aus diesem allgemeinen Meinungsbild und den originellsten Vorschlägen jenseits des Normalen stellten wir eine – hoffentlich als allgemeingültig anerkannte – Liste von 50 Dingen zusammen, die man als Norddeutscher *wirklich* einmal getan haben muss.

Ein paar Einreichungen fassten wir zu einem Thema zusammen oder modifizierten sie leicht. Auf vieles wären wir aber von selbst niemals gekommen – ein großer Dank dafür an alle NDR-Freunde!

Viele Tage gingen wir danach auf Reisen durch den ganzen Norden, um die 50 Dinge persönlich Punkt für Punkt auf ihre Tauglichkeit und Wahrhaftigkeit zu überprüfen. Das Ergebnis dieser Reise ist der Film *50 Dinge, die man als Norddeutscher getan haben muss*. Als großes Glück erwies es sich, dass wir Herrn Werner Momsen aus Hamburg als Führer durch den Pflichtenkatalog gewinnen konnten: Durch seine Spontaneität und Fragelust auch in heiklen Interviewsituationen konnten wir vielen Dingen noch tiefer auf den Grund gehen (man beachte allein, wie geschickt er die Sicht der Hessen auf die Norddeutschen auf den Punkt gebracht hat!). Dieses Buch schrieben wir parallel zu alledem – mal noch unter dem Eindruck des unmittelbar Erlebten, meist aber doch eher auf Basis von theoretischem Wissen, das wir uns zu den jeweiligen Punkten angelesen hatten.

Wir hoffen nun, dass das Ergebnis *allen* – egal, ob norddeutsch oder von anderswo, egal, ob begeisterter Zuschauer der Sendung *50 Dinge ...* oder Fernsehmuffel – gefällt! Dass es dem eingefleischten Nordlicht neue Impulse zum Meistern der letzten Herausforderungen in seiner Region gibt. Und dass schon bald viele Menschen stolz ein Exemplar dieses Buches vorzeigen können, in dem alle 50 Dinge abgehakt sind ...

Viel Spaß dabei wünschen

Ulfert Becker & Christopher Braun!

(Und Herr Momsen natürlich.)

Schietwetter
ignoriert

am ....

Das norddeutsche Wetter
Wetter sein lassen

Der Himmel graut, als gäb's kein Morgen,
der Regen scheint wie eine Wand.
Der Wind, der pfeift gar unaufhörlich,
und trotzdem lieben wir das Land!

Das Wetter – ob nun nass, ob kalt,
das ist uns schietegal.
Denn falsches Wetter gibt's hier nicht,
nur falsche Kleidungswahl!

Die Obstblüte im Alten Land bestaunen

… und dann vielleicht auch noch mal bei der Ernte dabei gewesen sein.

Es ist Ende April, vielleicht auch Anfang Mai – jene Zeit also, in der im Norden fast immer Kaiserwetter herrscht. Die Tage sind sonnig und warm, der Himmel strahlend blau, das junge Grün der Felder und Wälder leuchtet fast wie von selbst. Die Natur hat die graue Starre des Winters abgeschüttelt und scheint nun eine Art Jubellied auf das Leben zu singen.

Kommt man allerdings ins Alte Land, eine Region südwestlich von Hamburg, auf der anderen Seite der Elbe, dann scheint es einem, als sei man ur-

plötzlich wieder in den Winter zurückversetzt – in einen traumhaften freilich: Boden und Bäume liegen, so weit das Auge reicht, über und über mit einem rosig strahlenden Schnee bedeckt, in der Luft wirbeln und tanzen seine Flocken im hellen Frühsommerlicht! Fast blendet einen diese Pracht – und so erkennt man, nachdem man sich verwundert die Augen gerieben hat, erst auf den zweiten Blick, dass es sich in Wahrheit nicht um einen geheimnisvollen Winterzauber, sondern um Blütenschnee handelt. Das Alte Land ist nämlich das Reich der Obstbäume – und die stehen in dieser Zeit halt gerade in voller Blüte. Ein fantastischer Anblick, den jeder Nord-

deutsche einmal genossen haben muss! Mit einer gewissen Ehrfurcht am besten – denn wahrscheinlich haben die meisten Äpfel, die er im Laufe des Jahres verzehrt, hier ihren Ursprung. Mit seinen gut 14.000 Hektar Anbaufläche gilt dieses Gebiet zwischen Jork und Francop nämlich als das größte zusammenhängende Obstanbaugebiet Mitteleuropas: Die Wetterbedingungen – mildes, feuchtes Seeklima – sind hier sehr günstig, der Marschboden unglaublich fruchtbar – perfekt für die Aufzucht von Äpfeln, Birnen und ein paar Kirschen! Bereits im 17. Jahrhundert wurde in dieser Gegend nachweislich Obst in großem Stil angebaut, zum ganz großen Boom kam es allerdings erst im 19.

Der altländer Blütenzauber
Ende April / Anfang Mai

Jahrhundert, als die Früchte mithilfe moderner Transportmittel und -wege auch zu weit entfernten Abnehmern transportiert werden konnten.

Die leckeren Vitaminspender haben die Bewohner des Alten Landes sehr wohlhabend gemacht – man sieht es an den prächtigen Bauernhäusern und Kirchen in diesem Landstrich. Die Vorfahren der meisten dieser Obstbauern sind irgendwann im Mittelalter aus Holland hierher eingewandert – als *Aufbauhelfer Nord*, sozusagen. Damals lag nämlich das fruchtbare Marschland noch brach, weil die Elbe es regelmäßig überflutete. Die Holländer brachten ihr fortschrittliches Know-how in Sachen Landgewinnung und Deichbau ein – und machten die Gegend urbar. Aus dieser Zeit stammt übrigens auch der merkwürdige Name *Altes Land*: Als solches bezeichneten die Landgewinner damals nämlich jene Gebiete, die durch Deiche und Gräben für die Agrarwirtschaft bereits nutzbar gemacht worden waren. Das Gegenteil war das *Neu Land*, also die ungesicherten Marschwiesen. Irgendwann war die gesamte Elbaue kultiviert, bis direkt an das Flussufer heran gab es also nur noch *Altes Land* – und der einstmals rein technische Begriff blieb als Ortsbezeichnung einfach bestehen.

Die Blütenpracht des Frühjahrs ist natürlich unübertrefflich – aber einen besonderen Reiz hat auch die Erntezeit im goldenen Oktober, wenn überall an den schier endlosen Obstbaumreihen die köstlichen Früchte hängen. Sich unbemerkt ein paar davon zu pflücken und in die Tasche zu stecken, ist allerdings fast unmöglich, denn in den Plantagen herrscht emsiges Treiben: Weil das Obst punktgenau vom Baum muss, sind Tausende von Saisonarbeitern für einige Wochen fast rund um die Uhr mit dem Pflücken beschäftigt. Die guten Früchte werden entweder sofort an den Markt ausgeliefert oder aber in Kühlhallen in Stickstoffat-

mosphäre auf Abruf gelagert. Aus dem weniger guten Obst werden Säfte gefertigt – für die das Alte Land gleichfalls berühmt ist. Die sollte übrigens auch jeder Norddeutsche mal getrunken haben!

Obstblüte
bewundert

am ....

Einen Flachköpper

Der Flachköpper ist eine hoch komplexe Variation des gemeinen Kopfsprungs, die sich in Norddeutschland ausgeprägt hat. Das liegt vor allem an den topografischen Besonderheiten der Gewässer dieser Weltgegend. Anders als z. B. an bayrischen Bergseen oder den mediterranen Badebuchten der Insel Capri, wo die Küsten schroff abfallen, geht es an Nord- und Ostsee immer nur mit einem sehr sanften Gefälle in das Wasser hinein.

Am Strand von St. Peter-Ording beispielsweise, muss man fast eine Viertelstunde in das kühle Nass laufen, bis man auch nur bis zu den Hüften darin steht – zumindest bei Ebbe. Der Südländer hingegen steigt in seinen besonnten Landen einfach auf einen Felsen, jodelt einmal fröhlich und verschwindet mit einem beherzten Sprung kopfüber vollends im metertiefen Wasser. Ob er dies nun mit einem Einfallswinkel von 20 oder 85 Grad tut, ist herzlich egal: Sicher landet er immer im feuchten Element; seine Schwungenergie wird nämlich durch die Viskosität des H_2O schnell und sanft abgebremst, sodass er keinen Bodenkontakt fürchten muss. Daher ist im Süden auch praktisch jede Art von Kopfsprung möglich.

Der Norddeutsche hingegen lebt in dieser Hinsicht ausgesprochen gefährlich: Will er sich, den Kopf voran, ins erfrischende Bad stürzen, muss er sehr genau den Eintrittswinkel zur Wasseroberfläche bedenken. Ist dieser nämlich

$\alpha \approx 62°$

zu klein, bremst das Wasser den Schwung nicht ausreichend ab – und der kühne Springer rammt mit dem Kopf in den Meeresgrund. Das kann im schlimmsten Fall mit Genickbruch – also: tödlich – enden oder zu einer Querschnittslähmung führen. Aber auch leichtere Unfälle – wie z. B. mit dem Kopf im schlammigen Wattboden stecken zu bleiben – sind unangenehm genug und schnell passiert.

Ist allerdings der Eintrittswinkel zur Wasseroberfläche *zu groß*, klatscht man mit zu viel Körperfläche auf die Wellen, was sehr schmerzhaft ist und zu inneren Verletzungen führen kann. Zudem geschieht es bei diesem sogenannten *Bauchklatscher* häufig, dass der Springer nicht genügend Vorwärtsschwung aufbringt, das Wasser ihn in der Folge also nicht ausreichend abbremst, und er mit seiner kompletten Vorderseite auf bzw. *in* den Grund gelangt. Diese letzte Variante ist besonders peinlich, wenn Umstehende von aufstiebenden Schlammspritzern beschmutzt werden.

Es ist allerdings möglich, auch in eine Wassertiefe von guter Kniehöhe mit einem eleganten Sprung einzutauchen: mit dem Flachköpper eben! Die Norddeutschen haben seit Jahrtausenden ihre Technik dafür perfektioniert. Das Geheimnis liegt in eben genau jenem Eintrittswinkel, mit dem der Körper ins Wasser gleitet: Es gibt nämlich einen idealen, mit dem der Sprung auch bei geringen Tiefen so großartig gelingt, wie bei den berühmten Todesspringern von Mexiko, die von 30 Meter hohen Klippen in die tosende Gischt tauchen. Nach einer Meldung der TU Niebüll hat eine Forschergruppe dort kürzlich den definitiv superoptimalen Winkel für den Flachwasser-Eintritt ermittelt: 62,4639°.

Diese Meldung ist noch nicht bestätigt, die Zahl scheint aber ganz plausibel. Aber egal, ob nun ein paar Grad mehr oder weniger: So halbwegs sollte jeder Norddeutsche einen eleganten Flachköpper hinbekommen – Kopfsprung kann ja jeder ...

Flachköpper
gemacht am ....

In den Süden reisen

Süden … Spanische Strände, italienische Olivenhaine – oder vielleicht gar karibische Inseln? Mindestens einmal im Leben sollte jeder Norddeutsche (der ja womöglich ein Nachfahre von kühnen Seefahrern oder weitreisenden Kaufleuten ist, die seine Weltgegend hervorgebracht hat) in die Ferne gereist sein. „Die Norddeutschen sind so tolerant, dass sie sich über ihren Horizont begeben und auch die anderen Ecken der Welt erkunden sollten", schreibt Herr H. aus Algermissen zu seiner Einreichung des Themas an den NDR.

So zieht es denn auch Herrn Momsen eines Tages nach Süden: Er wagt den großen Schritt und übertritt die Grenze von Niedersachsen … nach Hessen! Der erste Ort dieser fremden Welt, in den er im lieblichen Werratal gelangt, heißt **Blickershausen**. In der Mittagshitze – nennen die Einheimischen das nicht *Siesta*? – dösen Dorfhunde und Fachwerkhäuser, hinter den Fassaden vermutlich die Bewohner. Am Giebel des einen Gebäudes klafft ein Loch und überhaupt stapelt sich hier überall alter Krempel. So fremd kommt der Süden Herrn Momsen gar nicht vor: Ein wenig erinnert es ihn hier sogar an den Hof von Kurt Brakelmann (S. 62).

Da, endlich ein Mensch! Vor der **Radler Ranch** sitzt Dieter. Dieter kann viel über Hessen erzählen, denn er ist Hesse. So erfährt Herr Momsen schon beim Händedruck, dass die Hessen sich gut anfassen lassen. Ja, Dieter weist extra darauf hin, dass seine Hand *kerniges Material* sei.

Grenzerfahrung: Nordlicht Momsen beim Hessen Dieter

Wie übrigens auch alles andere an ihm. Herr Momsen verzichtet dankend darauf, das nachzuprüfen. Unbeirrt davon fährt Dieter mit seiner anthropologischen Studie des Südländers fort: „Beim Hessen fangen die Menschen erst an! Der Hesse ist ein richtiger kerniger, vorstehender Mann!"
Herr Momsen kann den genauen Sinn dieser Worte nur erahnen; sie klingen

So sieht das höfliche „Aha"
von Herrn Momsen aus

zwar deutsch, sind aber eben ... hessisch. „Vor dem Hessen ist ja noch nichts gewesen", doziert Dieter weiter. Schon gar nicht in Niedersachsen, auf der anderen Seite des Flusses. Da hat der gute Mann nämlich jahrelang gearbeitet. Aber Nachteiliges fällt ihm über die Bewohner des Nachbarlandes dann doch nicht ein: „Ich kann nichts anderes dazu sprechen, um diese Menschen in ein anderes Licht zu setzen." Herr Momsen hat langsam den Dreh mit dem Hessischen raus: Man muss es einfach wie Bundestagsreden – ansehen, sich die meisten Worte also schlichtweg wegdenken. „Der Hesse ist ein Mensch, der an erster Stelle steht, der den Niedersachsen mit Sicherheit überlegen ist. Ich möchte sagen: fast in allen Punkten. Wenn man abends Fernsehen anschaut, dann sieht man schon in der Hessenschau*: HESSEN VORN! Und jeder ist stolz, dass er ein Hesse sein kann."

Herr Momsen stellt trocken fest, dass Eintracht Frankfurt in der 2. Bundesliga spielt und Hannover 96 in der Ersten. „Ja klar, das würden

Rechts unser Kameramann – kurz vor dem Lachkrampf.

die doch freiwillig machen", sagt Dieter, damit sie *spielbar* bleiben. Momsen entgegnet ein höfliches: „Aha", mit bedeutender Generalpause im Anschluss. Dieter nickt noch lange gravitätisch – und schweigt dann ebenso. Ob ein Niedersachse denn Hesse werden könne, greift Herr Momsen den Faden endlich wieder auf. „Nein, ein Niedersachse kann kein Hesse werden, weil ihm Wissen fehlt, Elan, Dampf ..." Ja genau, das habe er auch gleich gespürt, als er in das Dorf kam, bestätigt Herr Momsen: „Hier dampft, hier brennt die Hütte, die Aura, nein: die *Dampfhülle* der Menschen hier ... Da kommt man gar nicht durch."

„So wird's sein, ja!", kann Dieter nur zustimmen. Aha, der Hesse versteht also keine Ironie, denkt sich Herr Momsen.

Das Gespräch kommt auf das Verhalten eines Nicht-Hessen in Hessen. Das sei eigentlich ganz einfach, erklärt Dieter: Man muss sich allem, was auf einen zukommt, anpassen. Trotzdem kann man „natürlich, selbstverständlich seine Meinung voll und ganz vertreten" – sogar als Norddeutscher. Wenn man als solcher also sagt: „Der Hesse ist schlechter als der Niedersachse", dann würde ihm der Hesse das gar nicht übel nehmen.

Nur glauben würde er es nicht. Er *weiß* ja schließlich, dass es nicht stimmt. Dieters Frau sitzt inzwischen ein wenig abseits bei uns und sagt kein Wort. „Sie ist etwas scheu, wenn fremde Männer da sind", erklärt Dieter.

Vor vielen Jahren kam sie aus Niedersachsen – nein: aus Westfalen! – zu ihm und fühlt sich seitdem pudelwohl in Hessen. Vorsichtshalber hat Dieter ihr den Pass weggenommen. Herr Momsen – ganz Hanseat – geht auf dieses Thema nicht weiter ein, stellt dann aber trotzdem noch die Frage, wie denn die *Hessin* so sei. „Eine hessische Frau ersetzt den Hofhund", prahlt Dieter. Herr Momsen stockt kurz, dann fragt er nach: „Ach, und Deine Frau heißt Fiffi ...?" An dieser Stelle endet die Aufzeichnung: Der Kameramann kann sich nicht mehr halten vor Lachen und muss die Kamera abstellen. Alle Anwesenden, die sich bis jetzt mühsam zusammengerissen haben, prusten erleichtert los. Sogar Dieter, der Hesse, lacht mit.

* Sicher eine Art Propaganda-Sendung des HR,

denkt Herr Momsen sich.

In den Süden
gereist

am ....

Drehen, Ziehen, Lösen – und zwar gaaaaaaanz behutsam!

Krabben gepult

am ....

Krabben pulen

Durch die Globalisierung ist es durchaus üblich, dass Arbeiten dort verrichtet werden, wo sie am günstigsten sind. Absurde Züge nimmt das beispielsweise beim Krabbenpulen an, wenn ganze LKW-Ladungen mit den Tieren nach Marokko geschafft werden, nur um einige Tage später wieder *nackt* zurückzukommen. Der Grund: Keiner pult schneller und billiger als die nordafrikanischen Frauen. Zumindest in puncto *Geschwindigkeit* haben wir Norddeutschen also einiges nachzuholen! Dafür heißt es üben, üben, üben. Also ran an den Speck, äh ..., die Krabben natürlich!

Aber was soll das eigentlich sein, dieses *Pulen*? Es bedeutet so viel wie *nackig machen* oder auch *abschälen, entfernen* oder auch *lösen*. Und da jede Krabbe anders ist, macht man das am besten mit der Hand – und nicht mit der Maschine. Das erfordert allerdings einiges an Geschick und ist für nervöse Kettenraucher eher weniger zu empfehlen. Der Kopf des Tieres muss vorsichtig zwischen Daumen und Zeigerfinger genommen werden, bei unsachgemäßer Behandlung wird die Krabbe nämlich schlichtweg zerquetscht. Mit der anderen Hand greift der geübte *Puler* nun das hintere Ende des Tieres und dreht, bis das Gehäuse in der Mitte bricht. Dreht er zu doll, wird dabei das zarte Krabbenfleisch beschädigt. Anschließend löst man die einzelnen Schalenhälften und zieht das Fleisch heraus. Auch hier gilt: Zieht man zu doll, wird das Fleisch der Krabbe in Mitleidenschaft gezogen. Von drei Kilogramm Krabben am Anfang bleibt ein Kilogramm des herzhaft-zarten Fleisches übrig. Der Rest ist Müll.

Also vielleicht den nächsten Bingoabend einmal ausfallen lassen und stattdessen mit den Bekannten eine Runde Krabbenpulen. Und damit Sie auch einen Richtwert haben, an dem Sie sich orientieren können: Die fleißigen Marokkanerinnen schaffen in einer Stunde gut ein halbes Kilo Krabben!

Unglaublich, aber wahr: Krabben kommen gar nicht
aus dem Kühlregal, sondern aus der Nordsee!

Auszug aus „Penner Paul"

Szene 6 *(Bürgermeister, Bauunternehmer Schneider und Sekretär Robert erscheinen.)*

BÜRGERMEISTER: So, dat is dat Huus, vun dat ik vertellt heff.

SCHNEIDER: Bagger, dree LKW`s, afrieten. Was köst dat?

ROBERT: Bummelig fiefuntwintigdusend Mark.

BÜRGERMEISTER: Afrieten geiht nich! Dat Huss steiht ünner Denkmoolschutz.

SCHNEIDER: Woto büst du Börgermeister? Denn musst du dat eben ännern. Woveel Land ist hier bi?

BÜRGERMEISTER: Föfftigdusend qm Wischen un Feller, un een lütten Diek is ok dorbi.

SCHNEIDER: *(zeigt zum Haus)* Hier kümmt dat Hotel hin. Tweehunnert Betten. *(Zeigt nach rechts vom Publikum)* Dor de Swimmingpuul. *(Zeigt nach links)* Un hier de Tennisplätz un Tennishall. Un ünnen an Diek, dor buut wi Bungalows ...

Keen Buuland, keen Buuland. Dien Fraktschjon hett doch nülich den Andrag op Ännerung stellt. Morrn schall doröber afstimmt warrn. Denn seh man to, dat alles kloor geiht. Denk an dat schöne Geld, wat wi dorbi verdeent.

BÜRGERMEISTER: Un wo hest du di dat mi dat Betohln vörstellt? Wi wüllt wi den Koken opdeeln?

SCHNEIDER: Wenn du dat to Buuland mookt hest, kökst – seggt wi mol – de qm 300 Mark. Davon geevt wi fööftig Mark an Fruu Martens (*Anm.: Die jetzige Besitzerin des Grundstücks*) un hunnert Mark kriggst du.

BÜRGERMEISTER: Ne, ne, so geiht dat nich. Denn hest du jo dat gröttste Stück von den Koken.

SCHNEIDER: Ick mutt ober miene Kosten mit inreken: De Notar, de Sekretär, na – und at Afrieten.

Mit hunnert Mark büst du good bedeent. Denn kannst di to Roh setten un bruukst di nich mehr mit de Oppositschjoon rümtoargern ...

Hohe Politik oder Laientheater? Hier tatsächlich: Eine Szene aus „Penner Paul".

In einem Theaterstück op Platt mitspielen
und dabei das ganze Dorf zum Lachen bringen!

Dieser kurze Auszug aus einer der vielen Komödien, die von zahlreichen Hobby-Autoren emsig Jahr für Jahr produziert werden, ist ein schönes Beispiel dafür, dass Theaterstücke *op Platt* heutzutage alles andere als *platt* sind. Mit trockenem, norddeutschem Humor wird die Realität der weiten Welt nachvollziehbar zum Besten gegeben – indem man sie zur Kenntlichkeit verzerrt und einfach auf ein Dorf irgendwo im Norden überträgt. So nennt sich denn auch der lokale Bauunternehmer in dem Schwank **Penner Paul** natürlich nur rein zufällig *Schneider* – wie eben jener Baulöwe, der der Bundesrepublik 1994 durch Betrug eine spektakuläre Milliardenpleite bescherte. Weitere Parallelen zu etwaigen aktuelleren Mauscheleien, der *Mövenpick-steuer* z. B., kann man sich nun denken – oder es eben lassen. Je mehr man diese Parallelen jedoch sucht, desto mehr kann man auch lachen – und genau das soll man unbedingt tun in den Aufführungen von **Tanks Theater**!

Diese Laienspielgruppe aus **Norderstedt** bei Hamburg liefert näm-lich ein wunderbares Beispiel dafür, wie ein nord- *und* plattdeutsches Amateurtheater Jahr für Jahr sein Publikum *aus der Nachbarschaft* amü-sieren und begeistern kann. Die Aufführungen vor Ort sind sowieso re-gelmäßig ausverkauft – inzwischen werden aber sogar kleine Tourneen durch ganz Schleswig-Holstein unternommen! Wer einmal eine Auffüh-rung der Truppe erlebt hat, den wundert das nicht: Obwohl keiner der Darsteller jemals eine Schauspielschule von innen gesehen hat, spielt das gesamte Ensemble auf einem hohen Niveau: Rolle, Text und Pointen sitzen einfach. Und der Spaß, den alle haben, die da oben auf den *Bret-tern, die die Welt bedeuten* stehen, überträgt sich obendrein aufs Publikum.

Für einen Löwenanteil an diesem Erfolg ist sicherlich ein Herr ver-antwortlich, der dies niemals zugeben würde: **Norbert Tank**. Er gründe-te 1993 die Theatergruppe, gab ihr seinen Namen, führt seither in (fast) jeder Beziehung die Regie, spielt kleine, aber wichtige Rollen ... und schreibt auch noch viele der Stücke, die hier aufgeführt werden. Wie eben *Penner Paul*, eines seiner erfolgreichsten Werke, das sogar verlegt wurde – und somit auch anderen Theatergruppen zum Spiel zur Verfü-

Beim Theaterspiel kommt man sich automatisch näher ...

Laiendarsteller geworden am ....

gung steht. *Gelernt* hat Norbert nichts von alledem; nie besuchte er Volkshochschulkurse à la *Kreatives Schreiben, Regie für Anfänger* oder *Bühnenpräsenz I–III*! Nein, Norbert ist einfach der perfekte Autodidakt: Er liebte (und liebt bis heute) das Theater an sich, wollte hier etwas selbst gestalten – und hat dann *einfach mal gemacht*!

So ähnlich erklären übrigens auch alle anderen Mitwirkenden von **Tanks Theater** ihr freizeitliches Bühnendasein: „... in der Schule Theater gespielt", „... wieder Lust gehabt...", „... dann einfach mal gemacht!"...

Und warum das alles ausgerechnet auf Plattdeutsch? Na, für viele hier ist Platt eben die eigentliche Muttersprache – und wird mit vertrauten Personen im Alltag bis heute gesprochen. Da läuft es einfach besser: *Op Plattdütsch* kann man eben *anners snacken* als auf Hochdeutsch! Was vielleicht auch ein Grund dafür ist, weshalb die Laienaufführungen von plattdeutschen Theaterstücken grundsätzlich etwas *wahrhaftiger* wirken, als die Interpretationen hochdeutscher Klassiker ... Die vielen Norddeutschen, die das Platt nicht mehr mit der Muttermilch aufgesogen haben, sollen sich nun aber keinesfalls aus dem plattdeutschen Laientheaterleben ausgegrenzt fühlen – im Gegenteil. Sogar im Ensemble von Norbert Tank gibt es einen *Hochdeutschen*, der seine platten Texte noch immer wie eine Fremdsprache auswendig lernen muss. Wie fast alle Norddeutschen *versteht* er zwar das meiste, seine Zunge kann die Laute nachbilden, die Alltagsfloskeln gehen ihm fließend von derselben, aber manchmal macht er halt Fehler in der Grammatik oder verwechselt Vokabeln. Geduldig korrigiert ihn dann der Regisseur bei den Proben, sodass er spätestens bei der Premiere den Text draufhat wie ein waschechter Plattsnacker.

Ja, liebe Leser, die Ihr nun darüber grübelt, ob Ihr nicht auch Euren großen, alten, geheimen Traum vom wilden Theaterleben umsetzen solltet ... Hier ist das Zauberwort: *Einfach mal machen*! Ihr habt bestimmt Spaß dabei, macht Euren Mitbürgern eine Freude – und erwerbt ganz nebenbei auch noch Ehren in Sachen Erhalt der lebendigen, norddeutschen Sprache.

Gleich morgen Freunde, Bekannte, Gleichgesinnte zusammentrommeln – und los geht's!

Weltumrundungen und anderes

Zu Fuß von Kalifornien nach Brasilien? Kein Problem für einen echten Norddeutschen! Das schafft er in knapp 1 Minute. Einmal ganz um England herum? Dauert bummelig eine Viertelstunde – für den Untrainierten. Sportliche Nordlichter schaffen dagegen sogar eine komplette Weltumrundung in 3 Minuten 59 Sekunden ...

Gerade Schleswig-Holstein glänzt durch höchst originelle Ortsnamen, die das Flair der Globalisierung verbreiten. Die Herkunft dieser Namen ist zumeist durch schöne Legenden belegt. So soll der Name **Kalifornien** für das kleine Dorf an der Ostseeküste bei Kiel folgendermaßen entstanden sein: Vor dem Gestade ging einmal in einem Sturm ein Schiff namens *California* unter. Das Namensschild dieses Seglers wurde an den Strand gespült und von einem Einheimischen gefunden. Stolz hängte er es vor seinen Hof – und prompt hatte dieser nun seinen Spitznamen weg, aus dem später die offizielle Ortsbezeichnung entstand. Der Nachbar des Neu-Kaliforniers soll daraufhin neidisch geworden sein, weil er sich auch so einen mondänen Titel für seine Stallungen wünschte. Schließlich hängte er einfach ein handgemaltes Plakat mit der Aufschrift **Brasilien** davor. Fertig war der neue Ortsname. Die beiden Flecken liegen nicht einmal 100 Meter auseinander; man kann bequem entlang der Küstenpromenade von einem zum anderen schlendern.

Auf der anderen Seite der Schleswig-Holsteinischen Halbinsel befindet sich an der Nordsee, nahe des Heilbades **Nordstrand**, der Flecken **England**. Hier ist kein Schiff gesunken und niemand wollte besonders originell sein. Der Name sagt schlicht das aus, was er buchstäblich bedeutet: „Enges Land". Vermutlich, weil die paar Häuser, die es hier gibt, zwischen zwei Deichen eingequetscht liegen.

Auf Norddeutschlands Straßen gelangt man sogar nach Himmelreich.

Etwas weiter im Süden, in **Eiderstedt**, liegt **Welt**. Immerhin mehr als 200 Bewohner zählt dieser Ort, der als einer der ältesten in dieser Gegend gilt. Der Ursprung seines Namens liegt im Dunkeln. Vermutlich stammt er vom Niederdeutschen *Wehle* ab – so nennt man einen Teich, der nach einer Sturmflut durch nicht wieder abgeflossenes Wasser entsteht.

Bequem kann man alle diese Orte in ein paar Stunden abfahren. Wen dann das Fernweh gepackt hat, der kann via Niedersachsen auch noch nach **Amerika** einreisen (bei Friedeburg), das danebenliegende **Russland** besuchen und Abstecher nach **Ägypten** (Neunkirchen) oder **Texas** (Groß Oesingen) machen.

Vielleicht noch interessanter ist die *Metaphysische Reiseroute*, die gleichfalls nur im Norden realisierbar ist: Man startet im **Fegefeuer** im Kreis Rendsburg oder alternativ in Lübeck, überquert geläutert die Elbe und gelangt im Alten Land direkt bis an die **Himmelspforten**. Wahlweise kann man dann ins **Himmelreich** am Rübenberge, in Wilhelmshaven oder in Dithmarschen einziehen.

So oder so … oder vielleicht auch ganz anders: Jeder Norddeutsche wird diese Tour mindestens einmal machen *müssen* – spätestens nach seinem Ableben.

Hafenrundfahrt einmal anders: mit Inkasso Henry!

Zwei „Schnacker" unter sich: Momsen und Inkasso Henry

Eine Hafenrundfahrt in Hamburg machen

Man sagt ja auch, das Elbwasser sei ein Jungbrunnen! Wer daraus trinkt, der wird nicht alt ... " oder auch „Unsere Barkasse ist streng nach den Plänen der Titanic gebaut – und die war bekanntlich ja unsinkbar".

Die Sprüche kommen Ihnen bekannt vor? Dann waren Sie wahrscheinlich schon einmal an Bord eines der vielen Schiffe

oder Barkassen, die von den Hamburger Landungsbrücken aus in See, äh ..., ins Hafenbecken stechen. Für wen allerdings Freihafen, Speicherstadt und Containerverladestation noch fremdes Terrain sind, wer zudem glaubt, plattere Sprüche als die oben genannten kann es gar nicht geben ... für den gibt es **Inkasso Henry**.

Inkasso Henry ist – laut eigener Aussage – mit seinen 35 Jahren Berufserfahrung dienstältester Portier auf der **Reeperbahn**. Er zeigte Körpereinsatz im **Sahara**, kellnerte im legendären **Star Club** und gab Acht auf die Damen im horizontalen Gewerbe. Daneben war er auch noch Inkasso-Unternehmer und trägt seitdem seinen verwegenen Spitznamen.

Aber was hat dieser Herr nun mit unserer Hafenrundfahrt zu tun? Einer, der auf dem **Kiez** *groß* – nämlich im doppelten Sinne – geworden ist? Gut, im Alter von zehn Jahren handelte er immerhin schon mit Aalen auf dem Fischmarkt und als junger Mann fuhr er zur See. Heute bietet er an den Wochenenden Kiezführungen an und dazu – optional – eben eine Stunde Barkassenfahrt mit Hardcore-Sprüchen. Als *die* Hafenkompetenz in Person wird man ihn vielleicht nicht bezeichnen können – aber dafür bietet der Schwergewichtler auf seiner Tour Entertainment pur! Bei Henry gibt's eben Geschichten, die das Leben schreibt – optisch versüßt vom wunderschönen Ambiente aus dicken Schiffen, großen Kränen und dem schönen Panorama der Hansestadt. Mal ehrlich: Die harten Fakten, die kann man doch auch im Reiseführer oder in der *Financial Times* nachlesen!

Eine Rundfahrt im Hamburger Hafen, einem der wichtigsten Wirtschaftsmotoren des Nordens, sollte Pflichtprogramm für jeden Norddeutschen sein – egal, ob ganz klassisch oder in Begleitung einer ehemaligen Kiezgröße. Wer es kernig, ehrlich und ein bisschen dreckig mag und wem Sprüche unter die Gürtellinie nicht sofort die Schamesröte ins Gesicht treiben, der ist bei Inkasso Henry bestens aufgehoben. Für alle anderen gibt es zahllose andere Anbieter, mit denen die Rundfahrt ebenfalls ein Erlebnis ist.

Auf einem
Leuchtturm heiraten

Heiraten auf dem Standesamt gerät zunehmend aus der Mode – wie auch die Eheschließung an sich. Wenn überhaupt, dann gibt man sich das Ja-Wort heutzutage am liebsten an ungewöhnlichen Orten: in Heißluftballons, unter Wasser, beim Fallschirmsprung ... oder gleich in Las Vegas.

Die Standesbeamten Norddeutschlands sind daher zu vielem bereit, um wenigsten noch ein paar Bürger ordnungsgemäß unter die Haube zu bekommen. Die meisten *besonderen Orte* für Trauzeremonien werden im Norden allerdings mit Bedacht gewählt: schön, originell *und* stilvoll müssen sie sein.

Äußerst beliebt sind derzeit beispielsweise Leuchttürme – allein schon von ihrer Symbolik her. Ein Leuchtturm steht bei Wind und Wetter fest und unerschütterlich da; verlässlich strahlt sein Licht auch in der tiefsten Finsternis und weist den Verirrten den Weg in den sicheren Hafen. Sollte das nicht auch eine gute Ehe auszeichnen?

Also: Wenn schon heiraten, warum dann nicht auf einem Leuchtturm?! Gleich zwölf stehen im Norden bereit, in denen der Bund fürs Leben geschlossen werden kann. Einer davon ist jener von **Pilsum** an der ostfriesischen Küste. Mit seinen elf Metern Höhe ist er nicht gerade ein Titan unter seinesgleichen, aber er steht mitten im platten Land direkt auf dem Deich ..., was ihn wesentlich größer erscheinen lässt. Zudem zeichnet sich der 1891 errichtete Leuchtturm durch Merkmale aus, die ihn ziemlich einzigartig – ja, gar zum Wahrzeichen für die ganze Region! – machen: Statt der klassischen Leuchtturmfarben Rot und Weiß trägt er ein gelb-rot geringeltes Kleid. Ähnlich wie der Turm von Pisa, hat auch der Turm von Pilsum eine leichte Schräglage. Und dann war da ja auch noch Otto ...

Otto Waalkes, der friesische Komiker, drehte hier 1989 seinen Film *Otto, der Außerfriesische*. Darin spielt er einen tapferen Leuchtturmbewohner in Pilsum, dessen Heim ein zwielichtiger Multimilliarden-Konzern namens *High Speed Unlimited* unbedingt aufkaufen und abreißen möchte, um Platz für eine Schnellbahnstrecke zu machen ...

Fans dieses Kult-Films pilgern noch heute an den Hauptdrehort, obwohl schon längst alle Relikte der Filmarbeiten verschwunden sind. Aber auch für Touristen ohne cineastischen Hintergrund ist der Turm ein Anziehungspunkt: Sie benutzen ihn als Landmarke, als einen Ort im platten Nirgendwo, den man einfach mal beim Gang entlang der Küste ansteuern kann.

Und dann gibt es da eben noch die Brautleute: In dem kleinen Oberstübchen, in dem noch die alte Lampe steht, die bis 1915 auf das Meer hinausstrahlte (danach änderte sich das Fahrwasser und der Leuchtturm in seiner eigentlichen Funktion wurde überflüssig), kann man sich im engsten Kreise – mit maximal 15 Personen, denn mehr gehen hier nicht rein – trauen lassen. An klaren Tagen hat der Standesbeamte dabei einen wunderbaren Blick auf das Wattenmeer und die vorgelagerten Inseln. An grauen kann er immerhin noch ahnen, wo das grüne Gras ins Meer übergeht. Wohlgemerkt: Allein der Standesbeamte hat diesen Blick, denn alle anderen Anwesenden schauen während der Zeremonie auf die fensterlose Landseite des Turms. Erst nach dem offiziellen Akt können sie den Blick in die Ferne durch die Bullaugen genießen. Dann aber – und vielleicht auch noch während des anschließenden Sektempfangs *vor* dem Turm – bekommt man eine Ahnung davon, warum man gerade hier heiraten sollte: Mehr Norddeutschland für's Auge geht nicht! Meer, Weite, Watt auf der einen, endlose grüne Wiesen auf der anderen Seite! Und dazu noch ein Gebäude, das in seiner Symbolik für die Ehe passender nicht sein könnte – in Pilsum zu heiraten, ist ein *Leuchtturmprojekt* in jedem Sinne des Wortes!

Auf einem
Leuchtturm
geheiratet am ....

Skandinaviern beim
Verladen von Bierpaletten helfen

Wir Norddeutschen sind ja hilfsbereite und freundliche Menschen. Und natürlich wollen wir, dass sich Besucher bei uns wohlfühlen! Egal, ob aus dem Süden – also den Ländern südlich von Niedersachsen –, aus dem Westen, aus dem Osten … und natürlich ganz besonders aus dem hohen Norden. Die Besucher aus dieser Himmelsrichtung kommen bekanntlich besonders gerne wegen der *Erfrischung* zu uns. Strände und Meer haben die natürlich auch da oben, unsere Nord- und Osteebäder sind ihnen also piepegal. Trotzdem kommen sie wegen unseres *Kühlen Nass'* – genauer: des *Kühlen Blonden*! Mal ganz salopp ausgedrückt: Die netten Leute von oberhalb Schleswig-Holsteins kommen zumeist zum Saufen zu uns. Das ist hier nämlich, verglichen mit der hohen Alkoholsteuer in Skandinavien, wesentlich billiger – und bei 20 Bier am Tag haben sich nach zwei Wochen die Kosten für den Urlaub wie von selbst amortisiert.

Für den trinkfreudigen *Kötbullar-Esser* ist Deutschland also eine Art Billigurlaubsland und damit eine Art Paradies! Urlauber dieser Kategorie sind allerdings nur die Semiprofis; die Vollprofis mieten sich einen Kastenwagen und düsen einfach runter nach Norddeutschland – nur für einen Tag. Wie die Wüstenkamele an einer Wasserstelle schieben sie sich dann reihenweise durch die zahlreichen, speziell auf ihre Bedürfnisse ausgerichteten Grenzshops und kaufen ein, bis die EC-Kartenautomaten an den Kassen rauchen vom ewigen Rein und Raus.

Besonders an den Wochenenden kann man unzählige glückliche Menschen mit Einkaufswagen – ach was: kleinen Gabelstaplern! – voller alkoholischer Getränke aus den Märkten tänzeln sehen. Gleich im Anschluss wird das flüssige Gold bis zur Decke in die Kastenwagen gestapelt. Den Voll-Voll-Profi erkennt man daran, dass er sein Schnapsmobil auch noch um einen Anhänger erweitert hat …

Aber nicht nur die Skandinavier profitieren von dem günstigen *Sprit* bei uns, auch wir Norddeutsche, schlau wie wir sind, haben was von den Saufköppen: Mit ihren Kurz-Alk-Trips sichern die Nachfahren der Wikinger etliche Arbeitsplätze in den Grenzshops Schleswig-Holsteins. Ganze Familien bei uns leben vom unermüdlichen Durst der Nordlichter – und dafür sollten wir dankbar sein!

Deshalb: Wenn Sie das nächste Mal in einem Grenzshop beobachten, wie sich ein Skandinavier mit seinen Bierpaletten abmüht: Zögern Sie nicht, ihm zu helfen! Packen Sie mit an – und verhelfen Sie unseren Freunden aus dem hohen Norden zu einem unvergesslichen Kurztrip über die Grenze! Sie werden es uns danken und wiederkommen. Und weitershoppen, bis die verknöcherten Staatsmänner der Länder kurz vor dem Polarkreis endlich einmal ihre Alkoholsteuer der europäischen Realität anpassen. Bis dahin allerdings sollten wir Norddeutschen noch so viel Kohle wie möglich an unseren Kaltgetränken verdienen ... Prost!

Bierpaletten verladen.

Am ....

Momsen traut seinen Augen kaum:
Palettenweise tragen die Skandi-
navier das Bier aus den Grenzshops!

* ✱ *

ER: Was für ein schöner Sternenhimmel ...

SIE: Ja ...

ER: Richtig romantisch ...

SIE: Ja ...

ER: ... und es ist ja noch ziemlich warm ...

SIE: ... find` ich nicht so ... He, was machst Du da?

* ✱ *

(8 Minuten 37 Sekunden später)

ER: Boah, geht nicht! Das scheuert voll!

SIE: Ja ...

ER: Sch... Sand! Alles voll damit! Sogar in den Schuhen!

SIE: Aber Du wolltest doch unbedingt ...

* ✱ *

Poppen am Strand – *weit mehr als 3000 Menschen gaben im Internet ihr Votum dafür ab, dies als Norddeutscher unbedingt einmal machen zu müssen. Wir wünschen ihnen dabei viel Vergnügen!*

Am Strand
gepoppt

am ....

Konis Bar
besucht
(vermutlich) am ....

Hier im 14. Stock hat ein Stück der ehemaligen DDR überlebt.

Konis DDR-Bar in Neubrandenburg besucht haben

Ein normaler Mittwochabend am **Neubrandenburger Markt-platz**. Es ist kurz vor 20 Uhr. Eine ältere Dame führt ihren Hund spazieren, ein Radfahrer fährt zügig quer über den Platz. Dann passiert lange nichts. Bis um Punkt 20 Uhr die Wasserfontäne am oberen Rand des Platzes abgestellt wird. Jetzt ist die Ruhe vollkommen. Nach und nach erlöschen die Lichter rund um den Marktplatz – nur einer, der scheint die *Spielregeln* zu missachten. Ganz oben im *Kulturfinger* – so wird das 56 Meter hohe *Haus der Kultur und Bildung* hier genannt –, da brennt tatsächlich noch Licht! Und wo in dicken Lettern **KONI** in den Fenstern steht, scheinen sich sogar noch ein paar Leute zu amüsieren. An einem Mittwochabend!

Also rein in den schmalen Turm, ab in den Aufzug und rauf in den 14. Stock. Die Türen des Fahrstuhls öffnen sich und dort steht ... ein Mann in Uniform: „Herzlich Willkommen in meiner **DDR-Bar**!" Koni – so heißt der Mann in der originalen Fliegeruniform aus längst vergangenen Zeiten – legt Wert auf den persönlichen Umgang mit seinen Gästen. Nach unserer Begrüßung verabschiedet er schnell noch drei Besucher aus Vietnam – es kommen viele Touristen in seine Bar. Schnell noch ein Erinnerungsfoto geschossen – von den weitgereisten Gästen wohlgemerkt –, dann verschwinden die Asiaten kichernd im Fahrstuhl zurück in die Gegenwart. Gegenwart deshalb, weil hier oben im 14. Stock ganz klar die Vergangenheit herrscht. Schon im kurzen Gang Richtung Bar wird man förmlich von DDR-Utensilien erschlagen: Wandteppiche, Poster, Büsten, Abzeichen, Postkarten, Flaggen – alles Originale, die Besucher und Fans dem Koni nach und nach mitgebracht haben. Dazu mischt sich ein Geruch von alten Polstermö-

Neben Ostalgie-Charme gibt es bei Koni Cocktails. In Blumenvasen!

Koni mag Menschen, auch aus dem Westen!

Böse guckt er nur für das Foto.

beln und Zigarettenrauch. Überall sitzen und stehen Leute, rund 30 sind es – und damit ist die kleine Bar beinahe voll.

Angefangen hat alles vor 16 Jahren mit einem Bild aus dem Stasi-Hauptquartier. Das hatte ein Kumpel bei der Auflösung der Einrichtung ergattert und es Koni geschenkt. Vielleicht könne der ja wenigstens den Bilderrahmen gebrauchen … Er konnte – und ließ das gemalte Bild einer Stasi-Größe gleich drin.

Das war der Startschuss für den Sammelrausch von DDR-Reliquien des gelernten Kellners. Sein *DDR-Museum mit Theke* dient dem gebürtigen Neubrandenburger auch als eine Art Vergangenheitsbewältigung: Er überzeichnet lieber, anstatt zu vergessen. Außerdem interessierten sich viele Besucher für Biografien aus dem Osten, gerade die Touristen aus dem Ausland. Nach und nach schuf Koni so eine der schrillsten Lokalitäten Nordostdeutschlands: Eine Bar, von deren Decke unzählige Lampen herabhängen, die baumeln, wenn das schmale Gebäude im Wind leicht hin- und herschwankt. Zudem ein Lokal, in dem der Raucher noch willkommen ist. Hier dürfen die ältesten Stammgäste ihre persönlichen Fotos aufhängen, hier erzählt der Hausherr in Fliegeruniform Witze über Ostdeutsche. Ein Ort, an dem gerne über den Unterschied von Ost und West philosophiert wird und wo zwischen alten, flauschigen Plüschsesseln seit 15 Jahren ein nadelloser, aber geschmückter Tannenbaum steht. Ein Kunde ließ ihn einst als Pfand da, weil er seine Biere nicht bezahlen konnte. Er ward nie wieder gesehen – sein Baum aber ist längst Kult. Wie die ganze Bar, samt ihres Besitzers.

In Neubrandenburg ist das *Koni* längst kein Geheimtipp mehr – kaum ein Tag, an dem die Bar nicht bestens besucht ist. Wer mit der ganzen *Ostalgie* nichts anfangen kann, der kommt wegen der Getränke: Cola gibt's aus Windlichtgläsern, Cocktails schenkt Koni in Blumenvasen aus. Rund 1,2 Liter gehen dort hinein; die meisten schaffen nicht einmal zwei Drinks, der Rekord liegt bei fünf. So oder so – ein Abend bei Koni ist ein Erlebnis, das sich der Norddeutsche nicht entgehen lassen sollte!

Boßeln

Ein paar Leute, die mitten auf der Straße stehen und mit komischen Bewegungen kleine Kugeln über den Asphalt werfen. So würde wohl ein *unwissender Nicht-Norddeutscher* das beschreiben, was wir hier *Boßeln* nennen. Dahinter steckt aber sehr viel mehr als nur ein banales Spiel – für viele Norddeutsche gilt es gar als Lebenseinstellung! Tausende Mitglieder haben sich in Vereinen – vor allem in Ostfriesland, der Region Oldenburg und Teilen Schleswig-Holsteins – organisiert. Gespielt wird seit über 150 Jahren. Über die Friesen sagt man gar: Erst lernen sie laufen, dann boßeln.

Die Grundregeln sind relativ schnell erklärt: Zwei Teams mit bis zu sechs Mann treten gegeneinander an. Ziel ist es, die *Boßel* – Plattdeutsch für Kugel – eine bestimmte Strecke eine Straße entlangzuwerfen. Etwa sieben Kilometer ist dabei Standard. Neun bis zwölfeinhalb Zentimeter Umfang hat die Kugel; früher war sie aus gedrechseltem Holz, heute werden in der Regel die deutlich haltbareren Kunststoffkugeln benutzt.

Das kann doch jeder! – mag sich manch einer jetzt denken. Ganz so einfach ist es dann aber doch nicht. Mit Kraft alleine bringt es nämlich keiner wirklich weit. Kurven, Neigungen, die Beschaffenheit der Straße

Ein Sport, bei dem das ganze Dorf auf der Straße mitfiebert!

Boßeln probiert

am ....

– all das muss der versierte Sportler beachten. Gerade in wendigen Abschnitten müssen die Spieler der Kugel den richtigen Drall geben – sonst landet die schnell neben der Straße oder im Graben. Damit gilt die Partie an der entsprechenden Stelle als been-

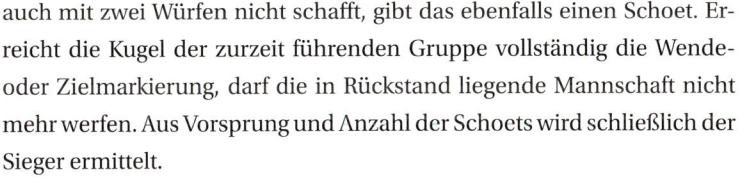

det. Überhaupt müssen An- und Ablauf sowie Abwurf und Aufsetzen der Kugel innerhalb der Begrenzungen der Wurfstrecke erfolgen, sonst ist der Wurf ungültig. Tritt ein solcher Fall auf, muss der nachfolgende Werfer derselben Mannschaft an der gleichen Stelle ansetzen und der Gegner erhält einen sogenannten *Schoet* (Punkt).

Geworfen wird stets von dem Punkt aus, an dem die Kugel des Vorgängers liegen geblieben ist. Die jeweils zurückliegende Kugel wird zuerst geworfen. Legt ein Werfer eine solche Strecke zurück, die die gegnerische Mannschaft auch mit zwei Würfen nicht schafft, gibt das ebenfalls einen Schoet. Erreicht die Kugel der zurzeit führenden Gruppe vollständig die Wende- oder Zielmarkierung, darf die in Rückstand liegende Mannschaft nicht mehr werfen. Aus Vorsprung und Anzahl der Schoets wird schließlich der Sieger ermittelt.

Ein wenig ist es aber auch die Gesellschaft, die beim Boßeln zählt: Aus Tradition ist der Bollerwagen mit diversen Getränken stets dabei, und auch nach dem Wettkampf wird mit der gegnerischen Mannschaft eingekehrt.

Klar, dass jeder Norddeutsche einmal geboßelt haben muss: Schließlich gilt es, diese Tradition zu erhalten. Und damit Sie dabei auch besonders glänzen können, hier noch einmal die perfekte Wurftechnik im Detail: Der Werfer nimmt bei einem Boßelwurf einen etwa 20 Meter langen Anlauf, die Kugel wird in der gesamten Hand gehalten. Während der Werfer langsam anläuft und die Geschwindigkeit steigert, hält er den Wurfarm senkrecht am Körper. Kurz vor dem Abwurf wird mit dem Wurfarm ausgeholt, um ihm im Moment des Absprungs mit hoher Geschwindigkeit und großem Kraftaufwand nach vorne zu schwingen. So erreicht die Kugel die höchstmögliche Geschwindigkeit.

Verstanden? Na, dann fehlen ja nun nur noch zwei Kugeln, ein paar Freunde, ein Bollerwagen und eine abgelegene Straße!

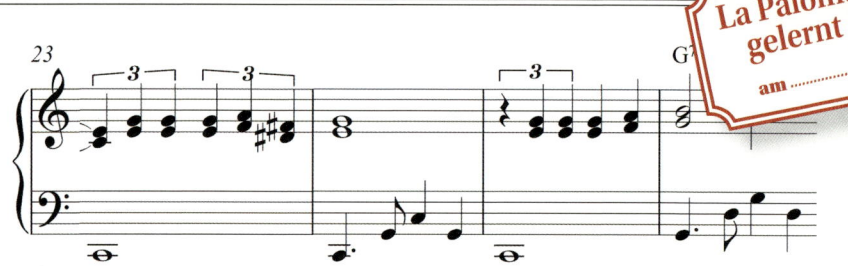

Seemanns Braut ist die See, und nur ihr kann ich treu sein,

La Paloma singen

Gut, wir geben es lieber gleich zu: Bayern, Hessen und das Saarland sind den Norddeutschen einen Schritt voraus. Diese drei Bundesländer besitzen nämlich jeweils eine offizielle Landeshymne, die sogar als Staatssymbol geschützt ist! Ob allerdings ein durchschnittlicher Saarländer sein Saarlandlied von *Ich rühm' dich, du freundliches Land an der Saar …* bis *… denn du, unser Land, sollst uns freuen* auch singen kann, sei dahingestellt.

Die fünf Nordstaaten sind in ihrer Summe einfach zu groß für *eine* ordinäre Hymne – schon allein von der Fläche her, die sogar jene von Bayern weit übertrifft. Immerhin haben aber deren einzelnen Bundesländer jeweils ihre eigenen, allerdings nur inoffiziellen Hymnen, die allgemein bekannt sein sollten: *Schleswig-Holstein, meerumschlungen, Stadt Hamburg an der Elbe Auen,* das *Niedersachsenlied,* der *„Bremer Schlüssel,* das *Pommernlied* und für einen Teil von Mecklenburg das Werk mit dem schönen Titel *Vandalia.*

Aber was geht einen echten Norddeutschen eigentlich das offizielle Getue an?

Fragen wir doch lieber: Welchen typischen Song kennen *alle* Norddeutschen, mit dem sie sich alle gemeinsam als Nordlichter identifizieren? Mit dem sie sich abheben von Bayern, Schwaben, Sachsen, Italienern, Franzosen und Bulgaren? Oder andersherum: Welches Lied würde auch ein Hesse automatisch mit Norddeutschland verbinden?

Ganz spontan fällt uns da nur eines ein: *La Paloma.* Erstmals gesungen von Hans Albers in dem Kultfilm *Große Freiheit Nr. 7* von 1944. Sie erinnern sich dunkel?

Auf, Matrosen, ohé, einmal muss es vorbei sein,
nur Erinnerung an Stunden der Liebe
bleibt noch an Land zurück ...

Fernweh, Seefahrt, Abenteuer und Akkordeon ... das kann es auf jeden Fall nur im Norden geben – die Assoziation steht sofort!

Nun wollen wir aber noch einmal ehrlich sein: *La Paloma* ist *kein* genuin norddeutsches Lied! Soweit bekannt, wurde es von einem Spanier namens Sebastián de Yradier komponiert und um 1863 in Mexiko uraufgeführt. Danach begann es seinen Siegeszug um die Welt; Texte auf die Melodie wurden in vielen Sprachen verfasst. So kennen auch Kubaner, Franzosen, Italiener, US-Bürger und viele andere die Melodie sehr gut – aber keiner von ihnen würde das Lied jemals mit Norddeutschland in Verbindung bringen (wenn er denn überhaupt weiß, wo dieses *Norddeutschland* eigentlich liegt). Weil er eben nur die auf sein eigenes Land zugeschnittenen Textfassungen kennt.

Im Ausbreitungsraum der Sprache Luthers aber ist *La Paloma* fast durchweg nur mit jenem Text bekannt, den der Regisseur Helmut Käutner 1944 für seinen Hans-Albers-Kultfilm dichtete (obwohl es noch einige weitere Textfassungen auf Deutsch gibt!):

Auf, Matrosen, ohé, einmal muss es vorbei sein,
einmal holt uns die See und das Meer gibt
keinen von uns zurück.

Seemanns Braut ist die See,
und nur ihr kann ich treu sein,
wenn der Sturmwind sein Lied singt,
dann winkt mir der großen Freiheit Glück ...

Passt das nicht wirklich ausgezeichnet zum weltoffenen, norddeutschen Charakter: einen internationalen Evergreen mit einem Text, der auf die Küstenbewohner des Nordens zugeschnitten ist, zu seiner Hymne zu machen? Wir meinen: JA!

La Paloma, ade auf Matrosen, ohé!

Unglaublich aber wahr: Auch im höchsten Norden gibt es Skibetrieb.

Den Skilift am Bungsberg bezwingen

Horst Schnoor und Hans-Heinrich Schröder sind das Warten gewohnt. Das Warten auf Schnee. Jeden Winter scheuchen sie die Kühe in den Stall, bauen die Weidezäune ab und ihren kleinen Schlepplift auf. Hier, am Fuße des Bungsbergs, der höchsten Erhebung Schleswig-Holsteins mit ihren phänomenalen 168 Metern. Wenn denn die weiße Pracht vom Himmel rieselt – und auch noch länger als eine Stunde liegen bleibt – verwandelt sich der Hügel in das nördlichste Skigebiet Deutschlands. Ein Skigebiet mit einem Abhang. Wer zügig fährt, ist in weniger als 30 Sekunden wieder im Tal. 15 Euro nehmen die beiden Landwirte für die Tageskarte. In den Alpen nennt man so eine Erhebung Idiotenhügel – da, wo die blutigen Anfänger ihre ersten Ski- oder Snowboard-Versuche wagen ... Hier in Schönwalde in der Holsteinischen Schweiz ist der Schusshang des Dorfes ganzer Stolz. Der Berg eben, der an guten Wintertagen mit rund 2000 Menschen fast so viele Besucher anzieht, wie das Dorf Einwohner hat.

Vor etwa 40 Jahren, nach einem Winterurlaub im Harz, kam dem Ski-pionier Horst Schnoor die Idee zu seiner Bergstation. Damals wurde der Skilift noch mit einem Trecker betrieben. Das ist heute zwar nicht mehr der Fall, trotzdem stellt der Lift einige Besucher auf eine harte Probe. Runter kommt hier am Bungsberg nämlich jeder – zur Not auf dem Hin-tern; nur das Hochkommen, das gestaltet sich ein wenig schwieriger. Wer die gut gepolsterten Sessellifte aus den Alpen gewohnt ist, der muss sich hier radikal umstellen. Salopp lässt sich der Liftbetrieb am Bungs-berg folgendermaßen beschreiben: Ein Stahlseil zieht in regelmäßigen Abständen rutschige Hartplastikteile den Berg hinauf, von denen man sich eines schnappen und unter den Allerwertesten klemmen muss. Dieser Lift ist übrigens dafür verantwortlich, dass das Mini-Skigebiet auch Wallfahrtsort für Freunde der Schadenfreude geworden ist, denn mitunter spielen sich am Fuße des Hügels aberwitzige Szenen ab. Stän-dig scheitern nämlich Ungeübte am Skilift: Sie kriegen das Plastikdings nicht zu fassen, halten ihre Skier nicht parallel, rutschen von der Stange ... kurzum: Andauernd plumpst ein Wintersportler von diesem Lift la-chend in den Schnee. Dann lachen auch Horst Schnoor und Hans-Hein-rich Schröder – und das gerne und viel.

Wer es auch nach diversen Versuchen und gut gemeinten Tipps nicht schafft, auf den Lift zu kommen und dort zu bleiben, der bekommt immerhin sein Geld zurück. Und hat, zumindest an die-sem Tag, das verpasst, was jeder Nord-deutsche einmal getan haben muss: den Skilift am Bungsberg bezwungen haben!

Skilift am
Bungsberg
bezwungen

am ....

Im Watt
gewandert

am ....

Wattwandern

... und auf dieser Wanderung einem Süddeutschen klarmachen, dass Wattwürmer gut schmecken, gesund sind und gegen Potenzstörungen helfen!

Letzteres fügte Herr W. aus Vienenburg noch in einer Mail an uns hinzu – und wir haben herzlich darüber gelacht. Uneingeschränkt empfehlen möchten wir das allerdings nicht – später darüber mehr.

Empfehlen können wir aber in der Tat eine Wanderung durch das Watt an sich. Am besten an der Seite eines wissenschaftlich geschulten Führers, der einen in die Geheimnisse dieses faszinierenden Lebensraums einweiht.

Das Wattenmeer, das von den Niederlanden bis zur dänischen Nordspitze hinaufreicht und sich dabei mit einem großen Teil an Norddeutschland schmiegt, ist mit Abstand das größte seiner Art weltweit – und in dieser Form einzigartig. Auf ihr Watt können Norddeutsche also durchaus stolz sein – und sie sollten es kennen.

Gut, es ist zunächst einmal merkwürdig, dass da zweimal am Tag Land ist und zweimal Meer. Hoffentlich hat man den Tidenkalender auch wirklich richtig gelesen! Nicht, dass plötzlich, wenn man gerade recht weit vom Ufer entfernt ist, das Wasser wiederkommt! So eine Rettung mit dem Hubschrauber ist teuer – und keine Versicherung kommt dafür auf ... Merkwürdig ist es auch, wenn man seine Hose zum ersten Mal hochkrempelt und barfuß in den feuchten Schlamm-Sand tritt; je nach Region versinkt man darin bis zu den Waden, glitscht darüber wie auf Glatteis – oder schreitet darauf wie auf der festen Auslauffläche eines Sandstrandes. Nur Mut: Die ersten hundert Meter sind befremdlich, danach gewöhnt man sich daran.

Auf den ersten Blick sieht das Watt bei Ebbe ziemlich öde aus: Ein paar Vögel fliegen herum, vielleicht liegen irgendwo ein paar Muscheln. Schaut man aber

Mit einem beherzten Sprung ins Sandwurm-AA ....

etwas genauer hin, fängt der Boden plötzlich an, sich zu bewegen: Etliche kleine Viecher wuseln nämlich dort unten herum. Nur gut, dass man mit bloßem Auge längst nicht alles erkennen kann! Im Boden sind nämlich gerade Abermilliarden von winzigen Pflanzen, Algen und Bakterien dabei, aus den anorganischen Stoffen, die Meer und Boden bieten, Biomasse – also Essbares – zu produzieren ... *Primärproduktion* nennt man diese Nahrungsherstellung – und das Wattenmeer hat eine der höchsten *Primärproduktionsraten* der Welt. Die kleinen Wesen sorgen also am Ende, grob gesagt, dafür, dass auch unsere Teller immer voll sind.

Was sie herstellen, wird im nächsten Schritt zu einem großen Teil vom eingangs erwähnten **Wattwurm** verwertet. Dieses vielleicht bekannteste Lebewesen des Watts frisst sich fortwährend durch den Sand und filtert dabei zur eigenen Ernährung alles heraus, was irgendwie organisch ist und also satt macht. Bummelig alle halbe Stunde kommt der Wurm an die Oberfläche, weil er mal muss ... den Sand im Körper loswerden, natürlich! Dabei entstehen die charakteristischen, spaghettiähnlichen Sandgebilde, die man bei Ebbe überall auf dem Wattboden entdecken kann. Durchschnittlich 40 dieser Würmer arbeiten sich pro Quadratmeter durch den Grund, jeder durchsiebt im Jahr ungefähr 25 Kilogramm Sand. Damit schafft es die Wurmgemeinde, das gesamte Terrain einmal jährlich komplett von unten nach oben zu kehren, aufzulockern – und somit den Kleinstlebewesen, die sonst buchstäblich im Sand stecken bleiben würden, wieder neuen Arbeitsraum zu verschaffen. Kurzum: Ohne den Wattwurm wäre das Watt tatsächlich ziemlich tot ...

Daher sollte man sich den Spaß, den Süddeutschen den Verzehr dieser 20–40 cm langen Würmer anzupreisen, nur sehr begrenzt leisten! Am Ende glauben die das noch, schlucken eifrig die an sich ekelig aussehenden wirbellosen Tiere – und rotten damit am Ende den Wattwurm aus. Bei Nicht-Norddeutschen weiß man schließlich nie so genau ...

Das Ende des Wattwurms aber wäre auch das Ende des Wattenmeeres als einzigartige Naturlandschaft im Norden – durch die jeder Norddeutsche wenigstens einmal gewandert sein sollte! Also: besser Psssssst!

Norddeutsch essen

In der traditionellen norddeutschen Küche gibt es viele leckere Speisen – und noch mehr regionale Interpretationen derselben. Was sie alle vereint ist die Tatsache, dass Nicht-Norddeutsche das meiste davon für wenig genießbar halten und sich standhaft weigern, diese Delikatessen auch nur einmal zu probieren. Das Nordlicht kann da nur mit den Schultern zucken – um sich danach mit umso größerem Appetit auf Grünkohl, Grütz- und Bregenwurst, Stint und Sprotte, Knipp, Labskaus, Matjes, Hering, Aalsuppe, Potn & Snutn, Himmel und Erde und was hier noch alles an Leckereien angeboten wird, zu stürzen. Unser Chefkoch Andi – gebürtiger Rostocker und überzeugter St. Pauli-Fan – hat sich ein Menü mit den typischsten Nordspeisen ausgedacht – Voilà et bon appétit!

Hors d'œuvre:

Kieler Sprotten

Hierbei handelt es sich um kleine, heringsartige Fische, die in der Kieler Bucht gefangen werden. Auch wenn sie bis zu 25 cm lang werden können, bevorzugt man für die Kieler Sprotten Exemplare von ungefähr 10 cm Länge. Traditionell werden die Tierchen seit dem 19. Jahrhundert fangfrisch auf Stangen aufgezogen, im Altonaer Ofen über Buchen- oder Eschenholz geräuchert und dann liebevoll – wie Pralinen – in kleine Holzkisten verpackt, um sie danach in die ganze (zumindest norddeutsche) Welt zu verschicken. Aus dieser Tradition heraus resultiert auch ein kleines Missverständnis in der Namensgebung: Die Sprotten stam-

men nämlich mitnichten aus Kiel – der Hauptproduktionsort ist **Eckernförde**! Dieses Fischereistädtchen im Norden besaß allerdings lange gar keinen eigenen Bahnhof. Die Kisten mit den Räucherfischen wurden also zum Versand in die Landeshauptstadt gekarrt und erhielten dort den Poststempel *Kiel*.

Wer hungrig ist, der verputzt den Fisch übrigens im Ganzen. Wie der Connaisseur den Fisch verspeist, das zeigt uns Andi auf der nebenstehenden Seite …

Kopf abdrehen. Sprotte mit Daumen und Zeigefinger fassen. An Bauch und Rücken leicht andrücken und Schwanz und Hauptgräte vorsichtig herausziehen – fertig ist die Kieler Sprotte!

Angerichtet auf dem Teller sieht Labskaus dann doch einfach am besten aus!

Comme de poisson:

Labskaus

Ein altes Seefahreressen, dessen vitaminhaltige Zutaten nicht nur gut gegen die Mangelerscheinung Skorbut ist, sondern dessen Konsistenz vor allem auch all jenen Matrosen zugute kommt, die bereits an Skorbut leiden ...
Auf genaue Mengenangaben verzichten wir hier – wie auch bei allen anderen Rezepten: Jeder mischt genau die Menge der Zutaten in die Pampe, die er ungefähr für richtig hält.

Man nehme also:
vorgekochte, gepökelte Rinderschulter
Rote Beete
Zwiebeln
Kartoffeln (vorgekocht)
zerkleinerte Gewürzgurken
etwas Matjes, ersatzweise auch Sardellen oder Bismarckhering

Das alles drehe man durch einen Fleischwolf. Die entstehende Masse koche man nun für ca. 1 Stunde in dem übrig gebliebenen Gurkenwasser (wenn man das schon ausgetrunken hat, um den Nachdurst des Vorabends zu löschen, geht zur Not aber auch eine simple Kochbrühe).

Die Pampe darf nicht anbrennen, aber auch nicht zu *suppig* sein. Nach Belieben salzen und pfeffern. Ist das Ganze fertig, fülle man es portionsweise auf Teller und füge Folgendes als Beigaben hinzu:
ein Matjesfilet (manche bevorzugen hier einen Bismarckhering)
ein Spiegelei, eine aufgeschnittene Gewürzgurke.

Parfait!

*Nach **dem** Teller braucht Andi erstmal einen Verteiler*

La viande:
Grünkohl

Grünkohl ist derartig mit dem Norden allein verwachsen, dass es für ihn weder ins Französische noch Italienische auch nur eine Übersetzung gäbe! Dafür wird in seinen angestammten Landen ein wahrer Kult um die Zubereitung des Gemüses betrieben. Wie bei jeder wichtigen Religion haben sich dabei diverse Glaubensrichtungen herausgebildet: Tut man nun Kohl- oder doch eher Bregenwurst in den Eintopf? Schweinebauch oder -backe? Bratkartoffeln oder Salzkartoffeln dazu? Usw. Es soll angeblich Historiker geben, die Stein und Bein behaupten, der Dreißigjährige Krieg – zumindest in Norddeutschland – sei nur wegen metaphysischer Fragen wie diesen geführt worden ... Leider sind uns die Quellen nicht bekannt. Daher führen wir hier nur auf, wie Andi seinen Grünkohl zubereitet:

Man nehme:

Zwiebeln, Gänseschmalz, Grünkohl en masse, Schweinebauch
Kasseler, Kohlwurst

Tag 1

Die Zwiebeln in Würfel schneiden. In einem riesigen Topf das Gänseschmalz erhitzen und die – im Verhältnis zum Topf – winzige Menge der
Zwiebel darin glasig dünsten.

Die Unmengen von frischem, geputztem Grünkohl hinzufügen – im
Zweifelsfall etwas nachstopfen.

Dazwischen die fleischlichen Zutaten verteilen. Etwas Wasser angie-
ßen. Mehrere Stunden auf kleiner Flamme kochen lassen, danach abstellen und über Nacht auskühlen lassen.

Tag 2

Den Topf wieder auf die Flamme setzen, etwaige fehlende Flüssigkeit
nachfüllen und bei niedrigen Temperaturen köcheln lassen. Wenn das
Bett ruft – den Herd einfach wieder ausstellen!

Tag 3
siehe Tag 2

Tag 4

... beginnt wie Tag 3. Zur Essenszeit aber sollte man Familie, Freunde
und Bekannte zusammenrufen, indem man den Deckel des Topfes lüf-
tet – der Duft allein wird sie zusammentreiben. Auf die Teller, die uns die
Gierigen entgegenstrecken, drapiere man einen ordentlichen Schlag der
Grünkohlmasse sowie jeweils ein Stück Kasseler, Schweinebauch und
eine Kohlwurst. Wer mag, gibt auch noch Senf dazu und/oder Kartoffeln
in allen möglichen Darreichungsformen.

Ganz wichtig ist, dass dieses Gericht von viel Flüssigkeit (Bier bietet
sich an) begleitet wird! Und dass man hinterher mindestens einen *Klaren* (Korn, Kümmel, Aquavit etc.) zur Verdauung zu sich nimmt (Antial-
koholikern muss man das als *Medizin* verkaufen) – sonst ist der Genuss
dieser Speise nämlich mit einigen Reuen verbunden ...

Le dessert:

Rumkugeln

Nur Eingeweihten ist bekannt, dass diese süße Versuchung eine genuin norddeutsche Erfindung ist: Sie hat nämlich schon längst in aller Stille ihren Siegeszug in den gesamten deutschsprachigen Raum angetreten – doch zu welchem Preis? Die Rezeptur der Original-Kugel wurde etliche Male modifiziert, aus dem Produkt liebevoller Handarbeit ein vulgärer Massenartikel. So bieten heute sogar badische Konditoren Rumkugeln *an – bei denen es sich aber um Bällchen aus einer Art ungenießbarem, braunem Fensterkitt mit angedeutetem Industriealkohol-Aroma handelt. Diese haben praktisch nichts mehr mit der norddeutschen Rumkugel zu tun! Im Original aber ist diese ein Meisterwerk ökonomischer Resteverwertung, wie es nur das Genie einer Hausfrau aus dem Norden ersinnen kann. Warum? Das erfährt man, wenn man das folgende Ur-Rezept umgesetzt und probiert hat ...*

Man nehme:
altes Gebäck, Reste von Tortenböden,
vertrocknete Kekse usw. (was eben gerade da ist)
ein paar klein gehackte Nüsse
wer mag, fügt noch die Rosinen aus der hinteren Ecke
des Vorratsschranks hinzu
Butter und viel Rum

Die Butter muss zunächst sehr schaumig geschlagen werden. Am besten, man benutzt dafür eine Küchenmaschine (sonst droht am nächsten Tag der Muskelkater). Während diese ihre Arbeit tut, zerbröselt man die Gebäck-Reste jeder Art so fein wie möglich in einer Rührschüssel. Ist dies getan, fügt man die Nüsse und die Rosinen hinzu. Das Ganze sollte nun *sehr ordentlich* mit Rum befeuchtet werden. Unter diese Masse hebt man den Butterschaum, sodass ein samiger Teig entsteht. Aus diesem formt man Kügelchen von vielleicht vier Zentimeter Durchmesser, die man danach wahlweise in Schokostreuseln oder geraspelter Schokolade – schwarz oder weiß nach Belieben – rollt.

Und schon ist das betörende Naschwerk, dem keine der sogenannten *Rumkugeln* aus den Backstuben des Südens das Wasser (oder gar: den Rum) reichen kann, fertig zum hemmungslosen Genuss!

Die einzig wahren Rumkugeln werden per (norddeutscher) Hand gemacht!

Angebadet

am ....

Bitte beachten: ERST ein Loch ins Eis sägen, DANN ins Wasser springen!

Am Anbaden teilnehmen

Wenn die norddeutsche Sonne gnadenlos vom Himmel brennt und die Wassertemperaturen von Nord- oder Ostsee jeweils über 20 Grad liegen, dann ist das das Paradies – für Warmduscher! Der kernige, gesundheitsbewusste Norddeutsche freut sich nämlich den ganzen *Sommer* lang auf die kalte Jahreszeit und das erfrischende Bad im eisigen Wasser. Im Optimalfall bei knapp über Null Grad – mit ein paar Eisschollen als Deko. Das bringt diverse Vorteile mit sich: Die Strände sind leerer, die Saison ist wesentlich länger, die Gefahr eines Sonnenbrandes tendiert gegen Null ... und verdammt gesund ist es noch dazu!

Verschiedenen Studien zufolge führt *regelmäßiges* Winterschwimmen zu einer besser regulierten und länger anhaltenden Wärmeproduktion des Körpers, einer vorteilhaften Anpassung der Blutzirkulation, der Reduktion von Rheuma- und Asthmabeschwerden sowie einem verbesserten allgemeinen Wohlbefinden. Kurzum: Wer öfter ins eiskalte Nass hüpft, dem geht es besser! Es wird zudem vermutet, dass Winterschwimmer weniger anfällig für Infektionskrankheiten sind – also seltener an einer Erkältung leiden. Endlos sollten Sie sich aber natürlich nicht im eiskalten Wasser aufhalten – das überlebt nicht einmal ein Norddeutscher! Bei 0 bis 4 Grad Wassertemperatur ist man nach 15 bis 30 Minuten bewusstlos und spätestens nach 90 Minuten mausetot. Hat das Wasser weniger als 0 Grad, überlebt man keine 45 Minuten. Zudem kommt man auch nicht mehr rechtzeitig raus, weil man im Eis eingefroren ist ...

Ein bis zwei Minuten reichen völlig aus, dann wieder raus aus dem Wasser, rein in die warmen Klamotten – und am besten gleich einen heißen Punsch genießen! Das alles kann man bei uns im Norden übrigens auch im Rudel tun: An vielen Orten findet ein traditionelles Anbaden im Winter statt. Schnuppertraining sozusagen. Wer dabei auf den Geschmack kommt, dem steht die Welt offen, ein *besserer Mensch* zu werden – der auch mal ganz allein ins eiskalte Nass springt. Denn förderlich für Gesundheit und Seele ist das Winterschwimmen nur, wenn man es regelmäßig tut. Das wär' doch mal ein guter Vorsatz für das neue Jahr ... Also: Am besten gleich am ersten Januar damit beginnen!

Nach Büttenwarder pilgern

Es soll ja Leute geben, die noch nie was von Büttenwarder gehört haben!

Darum mal ganz von vorn: Büttenwarder ist ein kleines, etwas verträumtes Dorf irgendwo im Norden. Klingsiehl liegt gleich um die Ecke, auch Klockenstedt mit seinem großartigen griechischen Restaurant *Athen* ist nicht fern. Der Ort liegt an der Strecke des Überland-

busses nach Süderbrarup, von wo aus man mit der Regionalbahn nach Kiel fahren kann. Und von dort zum nächsten internationalen Flughafen in Hamburg ...

Seit 1997 berichtet der NDR in unregelmäßigen Abständen (meist an Feiertagen) von den Bewohnern dieses Dorfes in einer Sendung namens *Neues aus Büttenwarder*. Da der Ort nicht so viele nennenswerte Bewohner hat, können wir sie auf der nächsten Seite einzeln vorstellen.

Im Laufe der Jahre konnten die dem NDR-Fernsehen geneigten Zuschauer viel über den Alltag dieser Landmänner, ihre ganz persönlichen Nöte und Freuden, aber auch über ihren verzweifelten Kampf gegen die allgemeine Krise in der Landwirtschaft erfahren: von ihren Versuchen, einen Nacktwanderweg zu etablieren, eine Fabrik für eine Heiltinktur aufzubauen oder mit dem chinesischen Staat ein Joint Venture einzugehen – und das sind nur einige Beispiele von vielen.

Im Sendegebiet des NDR hat sich nach und nach eine große Fangemeinde der Serie gebildet, die auf wunderbare Weise das typische norddeutsche Landleben präsentiert. Fachleute sprechen bereits von einer *Kultserie*. Fakt ist: Jahr für Jahr wollen immer mehr Menschen begierig erfahren, was es Neues aus Büttenwarder gibt.

Zum Glück wollen sie aber zumeist *nicht* wissen, wo Büttenwarder ei-

Immerhin Ziege Gerlinde kam Herrn Momsen nahe.

gentlich genau liegt! Das ist auch gut so, denn der Ort ist wirklich sehr klein und seine Bewohner sind an sich recht scheu. Nicht einmal Herr Momsen, dem man heimlich die GPS-Koordinaten zugespielt hatte, schaffte es, auch nur einen Fuß auf den Hof von Kurt Brakelmann zu setzen: Er wurde bereits am Zaungitter von Stallknecht Kuno aufgehalten: kein Durchgang! Zu dieser Zeit fanden dort nämlich gerade mal wieder Dreharbeiten statt – und da sind Fremde (so nett sie auch sein mögen) einfach unglaublich störend! Immerhin konnte Herr Momsen mit Kuno einige Freundlichkeiten austauschen – vor laufenden Kameras. Kaum, dass sie abgeschaltet waren, krachte im Hintergrund mal wieder die Stalltür wie von Geisterhand bewegt zu Boden. Insgeheim war Herr Momsen dann ganz froh, dass er nicht dichter an das sehr baufällige Haus von Kurt Brakelmann herangekommen war: Wer weiß, was einem da noch alles hätte auf den Kopf fallen können! Seine geradezu historischen Worte an das Reportage-Team, das enttäuscht war, nicht weiter in das Herz dieses geradezu magischen Ortes vorgedrungen zu sein: „Büttenwarder muss man als Norddeutscher unbedingt gesehen haben – und zwar alle Folgen! Aber ein Besuch über den Fernsehkanal reicht vollkommen! Da sieht man genug …"

Büttenwarder gesehen

am ....

Kurt Brakelmann *ist ein Bauer mit vielen innovativen Ideen für die Landwirtschaft. Leider fruchteten sie bisher nicht so richtig, weshalb er eher ärmlich lebt.*

Adsche Tönnsen: *Gleichfalls ein Landwirt mit vielen Ideen – und Schulden. Erstere hat er zumeist von Brakelmann geklaut.*

Waldemar Schönbiehl: *Notar und (halbwegs) ehrenhafter Bürgermeister dieses Ortes.*

Shorty *(seinen wahren Namen kennt keiner; durch seine Körpergröße ist er jedoch eindeutig nicht begründet) unterhält den einzigen Gasthof hier.*

Kuno *arbeitet als Stallknecht auf dem prosperierenden Reiterhof von Büttenwarder.*

Aus 4000 Metern Richtung Erde springen, um Nord- und Ostsee gleichzeitig zu sehen? Ehrensache für Autor Christopher.

Nord- und Ostsee gleichzeitig sehen

Ganz besonders stolz sind wir Norddeutschen ja auf unsere Meere. Und dort fahren wir auch besonders gerne hin. Für die frische Meeresluft, zum Surfen, damit die Kinder sich mal wieder am Strand austoben können, für endlose Spaziergänge mit knirschendem Sand unter den Füßen oder um endlich mal wieder eine Frau im Bikini zu sehen: Gute Gründe gibt es genügend! Das einzige (Luxus)-Problem: Wir haben nicht nur eines, wir haben mit der Nord- und der Ostsee gleich *zwei* Meere zur Auswahl! Man muss sich also entscheiden

Nord- und Ostsee
gleichzeitig
gesehen am ....

– schließlich kann man sich schlecht zweiteilen ...

Wobei ... Wir Norddeutschen können ja vieles! Und so gibt es tatsächlich nicht nur eine, sondern gar zwei Möglichkeiten, Nord- und Ostsee gleichzeitig zu sehen.

Dafür muss man allerdings entweder weit reisen – oder ein wenig Mut aufbringen. Für den weniger abenteuerlichen Weg geht's in den Norden Dänemarks. In **Nordjütland**, oberhalb von Skagen, an der Spitze der **Landzunge Grenen** fließen Nord- und Ostsee zusammen. Baden ist wegen der starken Strömung zwar verboten, aber man kann immerhin mit den Füßen ins Wasser. Und steht dann eben mit einem Bein in

*Frisch ist es hier oben,
aber die Aussicht auf unser
Land allererste Sahne!*

der Nord- und mit dem anderen in der Ostsee.

Wem die Reise allerdings zu lang ist und die Kindheitserinnerungen vom jährlichen Urlaub im *Land der Hot-Dogs* reichen, der hat auch um die Ecke die Möglichkeit, beide Meere gleichzeitig zu sehen. Dafür braucht man jedoch gutes Wetter und optimale Sicht; Höhenangst sollte man auch nicht haben, dafür aber eine gehörige Portion Mut.

Nach einer kurzen Einweisung am Boden, zieht man einen wärmenden Ganzkörperanzug an, setzt Lederhaube und Fliegerbrille auf, klettert an Bord eines kleinen Flugzeuges und startet dann – zum Beispiel vom **Hungrigen Wolf** aus (so heißt ein Flugplatz in der Nähe von Itzehoe in Schleswig-Holstein, nicht zu verwechseln mit einem unterernährten Tier) – in den Himmel. Nach etwa 15 Minuten hat man eine Höhe von rund 4.000 Metern erreicht … und kann tatsächlich sowohl Nord- als auch Ostsee aus dem Fenster heraus bestaunen.

An der frischen Luft wirkt das Ganze natürlich noch viel besser: Also raus aus dem Flieger und in einem 50 Sekunden langen freien Fall die atemberaubende Sicht genießen – natürlich angeschnallt an den Tandem-Master, eine Art *Fallschirmpilot*, der an seinem Schirm noch einen *Gast* hängen lässt. Nachdem der Master die Leine auf gut 1.600 Metern gezogen hat, gleitet man sanft am Schirm zurück auf den Boden der Tatsachen. Ein unvergleichbares Erlebnis – und ein bisschen *norddeutscher* fühlt man sich danach tatsächlich auch.

Das Abenteuer *Tandemspringen* mit dem Fallschirm kann übrigens fast jeder erleben. Man soll nur über 1,40 Meter groß sein, nicht mehr als 95 Kilogramm wiegen und weder an Rücken- noch Herz-/Kreislaufschwäche leiden. Auf wen eines oder mehrere dieser Attribute zutreffen, dem bleibt ja immer noch die Reise in den Norden Dänemarks – um einmal Nord- und Ostsee gleichzeitig gesehen zu haben.

Bei Jessy auf dem Hamburger Fischmarkt einen Kaffee trinken

Der Hamburger Fischmarkt ist legendär – und ein absolutes Muss für jeden Besucher der Hansestadt. Seit mehr als 300 Jahren preisen hier die Marktschreier ihre Waren an, von Fisch bis Topfpflanze, von lebendigen Tieren bis zu Scherzartikeln. Tausende Besucher drängeln sich jeden Sonntagmorgen durch die engen Gassen zwischen den Ständen oder lauschen den Bands in der angrenzenden Fischauktionshalle. Einige Nachtschwärmer nutzen den Markt als letzte Station, bevor es ins Bett geht, die meisten aber stellen sich extra einen Wecker, um das Spektakel zu erleben.

Im Sommer geht es bereits um fünf Uhr morgens los, im Winter ab sieben. Highlights gibt es viele auf dem Fischmarkt: Holländische Pflanzenverkäufer, die ihre Kunden mit Rosen beschmeißen, altgediente Fischverkäufer, die sich die Seele aus dem Leib schreien und dabei mit Aalen um sich werfen. Und dann ist da noch **Jessy**. „Lägger, lägger, lägger!", dröhnt es schon von weitem über den Markt. Es ist halb 6 Uhr morgens, langsam geht die Sonne über dem Hafen auf. Just nach dieser eindeutigen Geschmacksanpreisung hallt ein lautes, dreckiges Lachen über den Platz vor der Fischauktionshalle. Folgt man dem Klang der kratzigen, dunklen Stimme, landet man schließlich an dem Wägelchen von Jessy. Mit einem herzlichen „Moin, Moin!" begrüßt er jeden Kunden, klatscht sich mit Jungzwanzigern ab, umarmt Passanten und tanzt ausgelassen zu Reggae-Musik, die aus einem kleinen Lautsprecher aus seinem mobilen Coffee-Shop schallt. Ja, zwischendurch mixt er tatsächlich auch mal einen Kaffee, einen Cappuccino, Latte, Espresso ... Was immer des Koffein-Junkies Herz begehrt.

Good Time For Coffee steht auf seinem mannshohen Räderwagen. Viele halten ihn für den besten Kaffeeverkäufer des Fischmarkts, der lauteste ist er allemal. „Lägger, lägger, lägger! Na, wollen Sie eine Latte – oder hatten Sie schon eine heut Morgen?!" Jessy weiß, wie er die Leute unterhält, das gehört mit zu seinem Konzept. Mittlerweile strömen auch die Wachgebliebenen von der Reeperbahn auf den Fischmarkt, es ist kurz vor 6. Einige planen den sonntagmorgendlichen Kaffee bei Jessy schon fest in ihre Wochenendtour ein, vielleicht auch in der Hoffnung, die Promille vor dem Schlafengehen noch ein wenig zu dezimieren.

Viele kennen ihn gut, den schwarzen Mann mit den Rastalocken und dem Hut aus dem fernen Barbados. Und er begrüßt jeden wie einen altbekannten Freund. Oft stehen gut zwanzig Leute vor seinem Stand, filmen ihn mit ihren Handys oder lassen sich mit ihm fotografieren. Dann herrscht Stau vor Jessys Kaffeeladen und er kommt so richtig in Fahrt: „Hamburg, wo seit ihr!?!?", brüllt er mit weit aufgerissenen Augen. Erwartungsgemäß grölen ein paar Betrunkene etwas *antwortähnliches* zurück, Passanten ziehen mit einem verwunderten Lachen im Gesicht weiter. Dann lacht auch Jessy – und ist keines Spruches verlegen: „Na, habt ihr etwa Angst vorm Schwarzen Mann?!"

Seit 13 Jahren lebt er in Deutschland, seit vieren hat er den Stand auf dem Fischmarkt. „Lägger, lägger, lägger!" – mittlerweile ist es kurz nach 8 Uhr. Dass Jessys Stimmbänder das mitmachen, verwundert einen – an Lautstärke haben sie seit Eröffnung des Marktes um 5 Uhr nicht eingebüßt. Fast hat man Mitleid mit den Betreibern der Stände um ihn herum,

Kaffee bei Jessy gehabt am ....

dort wo Händler Obst, geflochtene Taschen, Kleidung und Pflanzen verkaufen. Beziehungsweise versuchen, etwas zu verkaufen. Gegen die Musik und die dröhnende Stimme des *Schwarzen Mannes* kommt kaum einer an. Laufkundschaft festzuhalten, ist schwer. Der Stand gegenüber versuchtes wenigstens tapfer mit „Ananas, für nur 1 Euro!", der Berg von Tropenfrüchten dezimiert sich aber kaum ...

Ob es Zufall ist, dass die bekannten Fischhändler Aale Dieter und Konsorten ein gutes Stück entfernt stehen? Sie sind schon viel länger auf dem Fischmarkt ansässig und gelten halbwegs zu Recht als *Touristenattraktion*.

Als Norddeutscher aber muss man vor allem einmal Jessy erlebt haben – mit seiner guten Laune, seinen Sprüchen und seinem *Lägger*-Kaffee. Bei ihm ist jeden Sonntagmorgen im wahrsten Sinne des Wortes *Good Time For Coffee*.

Bei glatter See ein reines Vergnügen: Ausbooten vor Helgoland.

Vor Helgoland ausbooten

Wer luxuriös und fortschrittlich nach Helgoland kommen möchte, der nimmt den Flieger. Oder zumindest den Katamaran. Beides geht vergleichsweise schnell – ist aber auch vergleichsweise langweilig. Denn damit verpasst man eine *der* Touristenattraktionen Helgolands: das traditionelle Ausbooten vor der Insel. Seit 1826 holen die **Börteboote** Touristen von den großen Schiffen ab und bringen sie in wenigen Minuten trockenen Fußes auf die Landungsbrücke der Insel. Die Börteboote gehören zu Helgoland wie die **Lange Anna**, der **Lummenfelsen** oder die geschichtsträchtigen Bunkeranlagen.

Und die Tradition des Ausbootens hat bis heute gute Gründe: Zum einen ist im Hafen von Helgoland nicht genügend Platz für die vielen weißen Seebäderschiffe aus Cuxhaven, Büsum und all den anderen Orten; zum anderen ist die Wassertiefe des Hafens nicht unbedingt für jeden Schiffsbauch gemacht. Daher ankern sie kurz vor dem Hafen und öffnen an beiden Seiten eine Luke. Von dort aus klettern die Besucher dann in die zehn Meter langen Börteboote – natürlich ausreichend gestützt und gesichert von den starken Männern der Besatzung. Bis zu 50 Passagiere, je nachdem, wie viel Gepäck an Bord ist, finden auf so einem Boot Platz.

Je rauer das Wetter, desto spannender ist dieser Umstieg. Sind Seegang und Wind besonders stark, kommt es schon mal vor, dass man das Salz der Nordsee im wahrsten Sinne des Wortes schmecken kann. Dann peitscht einem der Wind nämlich ins Gesicht und die Gischt spritzt bis an Bord; die kleinen Boote schaukeln auf den Wellen der Nordsee und die breitschultrigen Männer müssen noch ein bisschen fester zupacken.

Angst muss man aber auch dann nicht haben – die motorisierten Vehikel sind aus massivem Eichenholz, dazu voll hochseetauglich und gelten als sicherstes Verkehrsmittel Deutschlands. Bis zu einer halben Million Besucher jährlich nutzen den Service vor Deutschlands einziger Hochseeinsel und halten damit eine lange Tradition am Leben.

Auch wenn man mit Flieger und Katamaran ein wenig komfortabler auf die Insel reist: Als Norddeutscher sollte man wenigstens einmal vor Helgoland ausgebootet haben!

Wer sich schon immer mal in starke Männerarme begeben wollte, ist hier goldrichtig …

Beim Wacken-Open-Air rocken

Wacken gerockt!
Am ....

Sicher man kann im heimischen Wohnzimmer die Musik so laut aufdrehen, bis die Bilder von den Wänden fallen. Oder beim örtlichen Schützenfest mehr oder weniger textsicher die altbekannten Schlagerhits mitgrölen. Wer jedoch ein wirklich außergewöhnliches Musikerlebnis in Norddeutschland sucht, der muss einmal in **Wacken** gewesen sein! Das meint zumindest **Irina Ceapraz** aus Rumänien.

Fast 3000 Kilometer reist sie aus Bukarest an, wenn an einem langen August-Wochenende die Metaller in die 1800-Seelen-Gemeinde in Schleswig-Holstein einfallen. *Metaller*, das sind die Fans der lauten, schnellen Heavy-Metal-Musik. Sie kommen aus aller Welt, sie bringen ihre Zelte mit und sie reisen in Scharen an. Rund 75.000 sind es jedes Jahr, die den Acker vor der Gemeinde in das größte Metal-Festival der Welt verwandeln. *Louder Than Hell* – lauter als die Hölle – wird es dann dort, glaubt man dem Slogan der Veranstalter. Liest man einige der Namen der auftretenden 125 Bands, glaubt man das ohne Zweifel: **As I lay dying** (*Als ich sterbend dalag*), **Deathclocks** *(Totenglocken)* oder **Victims of Madness** *(Opfer des Wahnsinns)* sind nur einige der Namen, die nicht gerade entspannte Lounge-Musik versprechen. Für Irina dagegen ist das kein Lärm, sondern Musik. Sie schwärmt vom netten Zusammentreffen Gleichgesinnter, den vielen Aktivitäten, die vor Ort angeboten werden und von den leckeren Getränken.

Klingt nach einem entspannten Wochenende – und das **Wacken Open Air** ist auch *fast* so: Es gibt Honigwein

Bestimmt nicht das letzte Mal auf dem Wacken-Open-Air: Irina aus Rumänien

*Mensch, einer der 75.000
Besucher muss doch noch 'nen
Platz im Auto frei haben!*

aus Hörnern, Möglichkei-
ten, sich wie im Mittelalter foltern zu lassen, Stripp-
erinnen und Öl-Catche-
rinnen, Leute, die sich in
Gasmasken sonnen, grölende Frauen, schwitzende Männer mit Wikinger-
helmen auf dem Kopf, nackte Gummipuppen und einen ziemlich zuge-
müllten Campingplatz, auf dem man vom hintersten Zelt aus über eine
dreiviertel Stunde bis zur Hauptbühne braucht. Im ersten Moment klingt
das zugegebenermaßen nicht besonders einladend.

Warum also muss man als Norddeutscher einmal im Leben hier gewesen sein? „Weil es das beste Festival der Welt ist!", sagt Irina. Mit Norddeutschland hat die Rumänin eigentlich so wenig am Hut wie ein Well-
ness-Tempel mit Wacken. Trotzdem: Nirgends könne man so toll aus
seinem Alltag ausbrechen wie in „Wacköööööööööööööööööön", sagt,
nein: schreit sie. Sie ist schon zum zweiten Mal dabei – und sie wird wiederkommen. Im *wahren Leben* ist die 26-Jährige Wirtschaftsingenieurin,
lernte Deutsch im Studium. In Wacken kleidet sie sich in Lack und Le-
der, tanzt, feiert, trinkt und singt mit Gleichgesinnten. Sie könne gar
nicht genug von dem *Besonderen* bekommen. Bei keinem Festival sei die
Stimmung besser, seien die Leute netter, das Miteinander friedlicher.

Und tatsächlich: Hinter schwarzen Klamotten, langen Haaren und bö-
sen Blicken sind die Leute hier durchweg freundlich. Auch, wenn man
nicht unbedingt auf die Heavy-Metal-Musik steht: Allein schon das Beobachten der vielen *exotischen* Menschen ist Grund genug, als Norddeutscher einmal im Leben nach Wacken zu kommen. Ist ja schließlich auch
fast um die Ecke. Und falls man keines der begehrten Tickets für über 100
Euro ergattern kann, lohnt sich auch einfach ein Besuch im Dorf. Denn
wenn fast jeder Bewohner seinen ganz privaten Schnapsstand im Garten
aufbaut, ist nicht nur auf dem Festivalgelände, sondern auch in der Gemeinde einmal im Jahr *Ausnahmezustand* – im positiven Sinne.

Platz 12 im globalen Kirchturmranking: der Hamburger Michel.

Auf den Michel hoch

... und dort am besten den Liebsten oder die Liebste küssen!

Der **Michel**, oder offiziell die *Hauptkirche St. Michaelis*, ist *das* Wahrzeichen von Hamburg. Seit über 200 Jahren ist dieses Gotteshaus das Erste, was den Seeleuten, die mit ihren Schiffen in die Hansestadt einlaufen, in die Augen sticht: Stolz überragt der Kirchturm den Hafen. Prächtig, elegant, architektonisch ungewöhnlich ... Und das alles, ohne dabei protzig zu wirken. Ganz typisch hanseatischer Stil also.

Das Gebäude wurde an der Stelle einer älteren Kirche errichtet, die 1750 nach einem Blitzschlag bis auf die Grundmauern niedergebrannt war. Gleich zwei Architekten wurden im selben Jahr mit dem Neubau beauftragt. Der eine war der altgediente Baumeister **Johann Leonhard Prey**, der andere ein unbekannter, sich neumodisch *Ingenieur* nennender Jungspund namens **Ernst Georg Sonnin**. Dieses *Treffen der Generationen* stand – wie sich schnell herausstellte – unter keinem besonders guten Stern. Schon der Baubeginn verzögerte sich aufgrund von Meinungsverschiedenheiten der beiden Architekten; nach der Grundsteinlegung kam es – höflich ausgedrückt – immer wieder zu *kreativen Baustopp-Phasen*. 1757 starb Prey, Sonnin übernahm die alleinige Bauleitung – und fortan ging plötzlich alles ganz flott. Schon 1762 konnte das Kirchengebäude eingeweiht werden, allerdings mit einem kleinen Schönheitsfehler: Ein anständiger Kirchturm fehlte! Dieses *Anhängsel* war von den nüchtern kalkulierenden Hanseaten bewusst klein gehalten worden, da sie das Ding schlicht für zu teuer und unnötig hielten ... Den Prestigefaktor hatten sie dabei allerdings außer Acht gelassen: „Eine Kirche ohne Turm? Den Hamburger Pfeffersäcken muss es wahrlich schlecht gehen!", lästerte man in den konkurrierenden Hansestädten, allen voran Bremen.

Diesen Spott lässt kein Hamburger auf sich sitzen! 1775 wurden die Kirchenvorstände von St. Mi-

chaelis beim Senat der Stadt vorstellig, baten um finanzielle Unterstützung für die Erweiterung ihres Gotteshauses um einen *richtigen* Turm – und erhielten umgehend eine Bewilligung ihres Gesuchs. 1786 wurde der vertikale Anbau der Kirche St. Michaelis, dessen Bau wieder Ingenieur Sonnin geplant und beaufsichtigt hatte, endlich eingeweiht.

Und diesmal war es tatsächlich ein richtiger Turm – jawoll! Damit hieß es dann: Tschüss Bremen mit Deinem 92 Meter hohen Dom-Turm-Zwerg! Hier steht der Michel, 132,14 Meter hoch, bis heute der zwölft höchste Kirchturm der ganzen Welt.

Dieses Bauwerk in der größten Stadt Norddeutschlands sollte jedes anständige Nordlicht einmal erklommen haben: Bequem erreicht man seine Aussichtsplattform in 109 m Höhe über dem Meeresspiegel mit einem Fahrstuhl. Extremsportler können aber auch gerne die Treppen nehmen … Von oben hat man einfach den besten, spektakulärsten Blick

Blick vom Michel auf den Hafen: Das nennt man P a n o r a m a !

auf das Zentrum der Elbmetropole und den angrenzenden Hafen – wie Herr Momsen nach seiner Visite nur bestätigen kann. Angesichts der Schönheit dort oben, die sich vor den Augen der Besucher auftut, fällt sich so manches Paar spontan in die Arme. Gut so: Denn angeblich soll ein Kuss auf dem Turm des Michels die Beziehung tatsächlich segnen ...

Michel besucht

am ....

Angeln

Wir geben es ja zu: In unserer modernen Zeit sollte man nicht so leichtfertig dazu auffordern – weil man damit womöglich eine Straftat (oder gleich mehrere?) provoziert.

Angeln darf im Norden nämlich heutzutage nur, wer über einen gültigen **Fischereischein** *und* – je nach Region – über einen aktuellen **Fischereierlaubnisschein** verfügt ...

Wenn Sie beides haben, dürfen Sie weiterlesen.

Sie haben beides nicht? Dann dürfen Sie auch weiterlesen – aber danach eben *nicht* gleich Angeln gehen!

Dabei hat diese Art, den Speiseplan um eine schmackhafte, gesunde, jodhaltige, cholesterinreduzierte Mahlzeit – kurz: Fisch – zu ergänzen, seit der Eiszeit gerade bei uns im Norden, wo es so viele Bäche, Flüsse, Seen und Meere gibt, eine lange Tradition. Das Grundprinzip hat sich seit dem Neolithikum wenig geändert: Man befestigt einen Haken an einer Schnur, wirft ihn ins Wasser und wartet, bis ein Fisch hineinbeißt und daran hängen bleibt, sodass man ihn herausziehen und zubereiten kann. Um die Wurfweite des Hakens zu erhöhen, sodass man sich nicht in unmittelbarer Nähe von demselben befindet und damit die Wasserbewohner womöglich misstrauisch macht, ist man schon früh darauf gekommen, die Haken-Schnur-Kombination an den Enden von langen Ruten, Ästen etc. zu befestigen. Zudem erkannte man ebenfalls zu einem frühen Zeitpunkt, dass es sinnvoll

Ganz nebenbei tun Angler auch was für die Umwelt – bei dem ganzen Krempel, den sie aus den Gewässern ziehen ...

ist, oberhalb des Hakens etwas Schwimmbares – und sei es auch nur ein Stückchen Holz – zu befestigen, damit er nicht auf den Boden des Gewässers sinkt; gleichzeitig sollte der Haken selbst aber etwas beschwert werden, damit er ein kleines Stück unterhalb der Wasseroberfläche dümpelt. Und dann ist da noch die Wissenschaft, wie man das Beißen in den Haken für den Fisch verlockend gestaltet – denn so gierig sind die Viecher nun doch nicht, dass sie alles anhapsen müssen, was ihnen vor die Kiemen kommt. Die Traditionalisten benutzen dafür seit der Zeit der Höhlenmalereien Würmer, Fliegen oder sonstige potenzielle Fischnahrung; Menschen mit einem Sinn für das Moderne nehmen heute auch gerne Blinker aus Metall, aus Kunststoff hergestellte Fliegen oder gar kleine Roboter, die perfekt die subaquatischen Charakteristika einer bestimmten Lieblingsspeise eines bestimmten Fisches simulieren.

Gerade anhand des letztgenannten Beispiels können wir erkennen, dass sich das Grundprinzip des Angelns nicht geändert hat – wohl aber die Herstellung der Jagdwerkzeuge. Leider fehlt es allerdings bis heute an wirklich verlässlichen Statistiken darüber, ob der Haken aus Horn, den man mit einer Tiersehne an eine Weidenrute band, wirklich soooo viel weniger Fische anlockte als die High-Tech-Tse-Tse-Fliegenattrappe an einer extra-dünnen Schnur aus Polyethylensonstwasgedöns, die mit einer Rute aus doppelkohlensaurem Titanoxydattralala kilometerweit über einen See geschleudert wird.

Am Ende ist das aber auch egal. Angeln heißt nämlich vor allem: warten, Geduld haben, einfach mal so da sitzen – Tugenden, die ja gerade der Norddeutsche von klein auf beherrscht. Wer nun keine Lust hat, den Fisch – wenn denn mal einer anbeißt – umzubringen ... Oder auch: Wer weder über einen gültigen Fischereischein *noch* einen aktuellen Fischereierlaubnisschein verfügt ... Der kann sich dennoch nach alter Väter Sitte einfach einmal an eines der vielen Gewässer im Norden setzen und zumindest *so tun*, als ob er angeln würde! Das ist auch vollkommen o. k. – den Fisch für die Phosphorversorgung des Gehirns gibt's schließlich in jedem Supermarkt. Tiefgekühlt ...

Franka Müller, die nördlichste Weinkönigin Deutschlands

Einen norddeutschen Wein verköstigen

Renommierte Weinanbaugebiete gibt es ja so einige in Deutschland – im Süden der Republik. Dort, wo die Landschaft hügelig ist und die Wetterkarten der Nachrichtensendungen oft sonnige und heiße Tage versprechen. Ein wenig patriotisch ist man ja schon und greift gerne zum Wein aus dem eigenen Lande. Aus eigenem *südlichen* Lande halt. Aber was ist eigentlich mit unserem schönen Norden? Hier, wo das Wetter doch auch oft besser ist als sein Ruf, wo die Sonne an einigen Orten übers Jahr verteilt sogar länger scheint als im Süden? Da müsste doch theoretisch auch irgendwo Wein wachsen, oder?

Und jetzt die gute Nachricht: Es gibt ihn, den norddeutschen Wein! Und er hat sogar Tradition! Bereits im Mittelalter wurden hier Reben angebaut, bis ins 19. Jahrhundert betrieben viele Bauern in dieser vermeintlich untypischen Weingegend den Anbau als Nebenerwerb und zur Eigenversorgung. Erst die strengen Weingesetze schränkten den Anbau in Deutschland auf eng limitierte Zonen ein. Seit einigen Jahren gibt es ihn nun aber wieder, den norddeutschen Wein – vielleicht einmal eine positive Meldung in Sachen Klimawandel. Sogar in Hamburg und auf Sylt stehen ein paar Rebstöcke – in Mecklenburg-Vorpommern existiert mit dem **Stargarder Land** gar ein offizielles Weinanbaugebiet für Landwein!

Kurz vor der Jahrtausendwende wurde dort der **Verein der Privatwinzer** gegründet. Zunächst pflanzten die damals sieben Mitglieder 500 Rebstöcke rund um das **Schloss Rattey** an. Bereits ein Jahr später gelang mit dem *Weißherbst* ein erster trinkbarer Wein. Das Interesse an dem Projekt wuchs schnell und so wurden weitere Weinsorten rund ums Schloss bei Neubrandenburg angebaut: die Weißweinsorten *Müller-Thurgau, Huxelrebe, Ortega, Phoenix* und sogar eine Rotweinsorte namens *Regent*. Im Jahre 2002 waren es bereits 7000 Liter Most, die zu Wein verarbeitet werden konnten. Gewerblich zugelassen war der Wein allerdings noch nicht. Anfang 2004 stimmte der Bundesrat schließlich einer Änderung der Weingesetzgebung zu, sodass das **Stargarder Land** als offizielles Anbaugebiet für den Mecklenburger Landwein anerkannt wurde. Der Anbau ist zwar auf 3,5

Ja, es gibt ihn wirklich, den norddeutschen Wein – und zwar ganz offiziell!

Weinlage Schloßberg

angelegt im Jahre 1999

Rebsorten: Regent u. Huxelrebe
153 Reben Regent,
gepflanzt Mai 1999
15 Reben Huxelreben,
gepflanzt Mai 2000

Hektar begrenzt, der Wein bleibt damit eine Rarität …, aber es gibt ihn eben, den norddeutschen Wein – nun sogar ganz offiziell.

Folgende Reben werden rund ums Schloss Rattey angebaut:

❧ *Regent* ❧

Die rote Rebsorte ist eine Neuzüchtung aus *Silvaner, Müller-Thurgau* und *Chambourcin*. Namensgeber war ein indischer Diamant, einer der größten um 1700, der im Louvre in Paris ausgestellt ist. Ein tiefroter Wein mit dezentem Bouquet, der an südländische Weine erinnert.

❧ *Müller-Thurgau* ❧

Diese Sorte bringt weiche, blumige und leichte Weißweine hervor, die zumeist eine dezente Muskatnote abrundet. Seine milde Säure macht ihn besonders bekömmlich. Nach neuesten Erkenntnissen wurde der *Müller-Thurgau* aus *Riesling* und *Madeleine Royale* gezüchtet.

❧ *Phoenix* ❧

Die weiße Rebsorte wurde 1992 als Neuzüchtung zwischen *Bacchus* und *Seyve-Villard 12375* vorgestellt. Der Name verweist auf den mythologischen Vogel, der sich selbst verbrannte, um verjüngt aus der eigenen

Schloss Rattey, etwa 30 Kilometer westlich von Neubrandenburg.

Asche wiederaufzuerstehen. Die mittelfrüh reifende Sorte verträgt gut Frost und ist resistent gegen die meisten Pilzkrankheiten. Der gelbgrüne Wein ist sehr säurebetont.

❧ Ortega ❧

Die weiße Rebsorte, eine Neuzüchtung von 1981 aus *Müller-Thurgau* und *Siegerrebe*, ist nach dem spanischen Dichter und Philosophen José Ortega y Gasset (1883–1955) benannt. Der gelbgrüne Wein hat ein feines Muskat-Pfirsich-Bouquet.

❧ Huxelrebe ❧

Diese weiße Rebsorte wurde schon 1927 aus *Gutedel* und der Hybride *Courtillier Musqué* von Georg Scheu gezüchtet, ihren Sortenschutz erhielt sie aber erst 1968. Benannt wurde sie nach dem Winzer Fritz Huxel, der sich beim Anbau und bei der Verbreitung von Wein einen besonderen Ruf erworben hatte. Der recht säurebetonte *Huxelrebe* strahlt in goldgelber Farbe, sein Bouquet erinnert an Rhabarber.

Ehrensache, dass man als Norddeutscher einmal Wein aus der eigenen Gegend verköstigt haben sollte – ganz gleich, ob aus Mecklenburg-Vorpommern, Hamburg, aus Niedersachsen oder Schleswig-Holstein!

Norddeutschen
Rebensaft
verkostet am ....

Bis zum Kopf im
Sand eingebuddelt
worden am ....

Katja: Lebendig begraben – mit Happy End!

Bis zum Kopf im Sand eingebuddelt sein und dann ...

Zugegeben, wir haben hier zwei Themen miteinander kombiniert: *Sich-bis-zum-Kopf-einbuddeln-lassen* mit dem *Ostsee-Sonnenuntergang*. Letzteren kann man prima vom **Flügger Strand** auf der **Insel Fehmarn** beobachten, wie uns Frau S. aus Algermissen verriet. Aus organisatorischen Gründen wählten wir allerdings für unsere Dreharbeiten den Strand von **Timmendorf** auf der **Insel Poel** in Mecklenburg-Vorpommern – der jenem auf Fehmarn recht ähnlich ist. Wie dieser verfügt er nämlich über eine perfekte Westlage, wie man sie an der Ostseeküste selten findet. Die Sonne – so man sie denn zu Gesicht bekommt – *muss* hier also zu jeder Jahreszeit irgendwie im Meer untergehen. Anders als an der Nordseeküste, die zwar generell nach Westen ausgerichtet ist, an der sich das Meer jedoch wegen der Gezeiten häufig gar nicht zeigt und die Sonne daher oft notgedrungen im Watt versinkt.

Der Timmendorfer Strand fällt sanft ins Meer ab, sein Sand ist fein und weiß. Ideal also für unser Experiment mit dem Eingraben. Als Testperson hat sich Katja zur Verfügung gestellt, eine junge Schauspielschülerin aus Hamburg. Klar ist sie irgendwann schon mal eingebuddelt worden, als Kind wahrscheinlich ... So recht kann sie sich nicht mehr daran erinnern. Ganz tief, dass man sich nicht mehr bewegen konnte? Nee, das bestimmt nicht, aber ... Oha! Erst jetzt wird Katja so richtig klar, worauf sie sich da eingelassen hat ... Zu spät!

Es gibt verschiedene Arten, wie man jemanden bis zum Kopf in den Sand einbuddeln kann:

Variante A: Man gräbt das Loch so tief, dass das *Opfer* aufrecht bis zum Hals darin stehen kann. Dann lässt man vorsichtig an den Rändern feinen, trockenen Sand einrieseln, bis alle Hohlräume ausgefüllt sind. Die Nachteile dieser Methode: Sie ist sehr aufwendig und es ist äußerst umständlich, den Eingebuddelten wieder zu befreien. Aus eigener Kraft kommt er aus seinem Gefängnis nämlich nicht mehr heraus. Vorteile: Es ist wirklich *sehr, sehr umständlich*, das *Opfer* danach wieder zu befreien.

Darum versucht es auch kaum jemand ernsthaft. Aus diesem Grunde wird die Eingrabe-Art *Methode Mafia, Spiel mir das Lied vom Sand* oder auch nur *Finale Variante* genannt.

Variante B: Man gräbt eine Kuhle ähnlich wie unter a) beschrieben, aber nur so tief, dass der Kopf des *Opfer* schon beim Knien oder Sitzen über den Grubenrand ragt. Wieder wird feiner Sand eingerieselt. Vorteile: Man muss nur halb so viel buddeln, um einen ähnlichen Effekt wie bei Methode a) zu erreichen. Nachteile: Die *Opfer* erleiden schneller Haltungsschäden. Außerdem können sie sich u. U. selbst befreien.

Variante C: Man gräbt ein Loch von der gesamten Körperlänge des *Opfers* – ziemlich genau wie ein Grab, allerdings längst nicht so tief: Es reicht eine Basisgrube von vielleicht 50 Zentimetern Tiefe, die zu einer Seite hin bis zu ca. 1 Meter schräg abfallend ausgebaut wird. Dieses Schräg-Eingegraben-Werden hat eigentlich nur Vorteile: Das Erdreich ist wegen der geringen Lochtiefe für den Grabungsleiter einfach zu bewegen. Das *Opfer* liegt am Ende bequem im Sand wie auf einer Strandliege mit Schräglage. Nur eben unterirdisch.

Der Wind ist alles andere als eine leichte Sommerbrise an diesem Augustabend. Man kann auch nicht behaupten, dass die Temperaturen unbedingt der Jahreszeit entsprechen. Katja darf noch etwas im Warmen bleiben, während etliche Schaufeln Sand bewegt werden. Wir haben zwar *nur* die brave Schräglage für die Jungschauspielerin ausgesucht – aber auch dafür müssen wir länger buddeln, als gedacht. Erst nach guten 30 Minuten ist eine passende Grube für die 1,76 Meter messende Frau ausgeschaufelt.

Der Kopf im Sand wurde aufwendig gefilmt.

Der Wind lässt die Wolken über den Himmel rasen. Einen kleinen Schauer hat es schon gegeben – aber jetzt sieht alles danach aus, als ob die Sonne doch noch im Meer versinken würde.

Um Katja diesen Anblick so angenehm wie möglich zu gestalten, darf sie so viele ihrer Klamotten anbehalten, wie sie will. Immerhin: Die Schuhe zieht sie aus ... Über den Kopf wird ihr ein provisorischer, aus einem Müllsack hergestellter Poncho gezogen, damit die Kleidung nicht so durchfeuchtet. Nun geht es in die Grube: Katja liegt wirklich ganz bequem. Die Beine werden gleichfalls in einen Müllsack verpackt – und los geht das Auffüllen mit Sand. Katja lacht – fast wirkt es etwas hysterisch, wie wir finden. „Alles gut?", fragen wir also und sie antwortet: „Ja! Ist nur irgendwie komisch." Tatsächlich ragt wenige Minuten später nur noch ihr Kopf aus dem Sand hervor; es sieht für alle Beteiligten reichlich grotesk aus. „Geht es Dir gut?", fragen wir wieder. „Ja! Aber wer hat sich den Blödsinn einfallen lassen?" Im Hintergrund geht die Sonne unter. Aber leider nicht im Wasser, nur in einer Wolkenbank, die sich knapp über der Horizontlinie gebildet hat. Das lassen wir aber als Sonnenuntergang gelten. Katja ist froh, als wir die Szene im Kasten haben: ihr wird langsam kalt. „Dann komm doch einfach aus Deinem Loch raus!", provozieren wir sie. Das geht nämlich nicht so einfach: Obwohl Katja nur eine vielleicht 40 Zentimeter dicke Sandschicht auf sich trägt, kann sie sich nicht rühren. Da der Einsatz eines Spatens hier zu ernsthaften Verletzungen führen könnte, wird die junge Frau liebevoll mit den Händen freigeschaufelt – wie eine kostbare, antike Statue. Die Fesselungskünste, die der Sand walten lässt, sind schon beeindruckend: Erst, als ihre Knie freigelegt sind, kann Katja den Rest ihres Körpers mit eigener Kraft befreien: „Lebendig begraben – mit Happy End", sagt sie beim Aufstehen. Der starke Wind befreit sie im Nu von allem lästigen Sand. Wir lachen alle: Die Aktion war irgendwie albern – aber eben auch sehr lustig. *Muss* man als Norddeutscher einfach mal gemacht haben!

Moin sagen!
Seit .... täglich

„Moin" sagen
... als Gruß zu jeder Tageszeit!

Klar, das sollte man unbedingt machen, wenn man Spaß daran hat, wenn man sich in der Fremde als Norddeutscher outen möchte oder wenn man den Bewohnern der *Südstaaten* gar ein schickes, norddeutsches Lehnwort beibringen will.

Das *Moin* hat nämlich nichts mit dem Morgen zu tun – auch wenn die Preußen in Berlin und Umland für diesen die fast gleich klingende Lautkonstruktion *Morjen* benutzen und mit diesem – meist eher gegrunztem Sound – früh am Morgen zu grüßen pflegen. Das norddeutsche *Moin* jedoch, da sind sich (fast) alle Linguisten einig, basiert auf dem ostfriesischen Wort *moi*, das einfach nur *gut, prima, toll* bedeutet. Und etwas Gutes kann man sich schließlich zu jeder Tages- und Nachtzeit wünschen!

Bedenkenswert ist allerdings, dass das *Moin* von alters her eigentlich kein allgemeingültiger Gruß unter Norddeutschen ist: Es hat sich erst seit Beginn des 20. Jahrhunderts von der Nordseeküste, wo es tatsächlich schon etliche Jahrhunderte in Gebrauch ist, gen Osten ausgebreitet – zuerst zögerlich, dann immer schneller. Über Schleswig-Holstein und das westliche Niedersachsen kam es vor über 30 Jahren nach Hamburg. Die derzeitige Sprachgrenze liegt ungefähr an der Landesgrenze zu Mecklenburg-Vorpommern. Dort bevorzugt man bis heute eher das wirklich nordisch-universelle *Tach*, das auch ein Bewohner der friesischen Inseln versteht.

Das könnte sich aber bald schon ändern, denn das nordische *Moin* mit all seinen unerklärbaren Varianten von *Moin, Moin* bis *Moinsens* ist aktuell auf dem Siegeszug in die ganze Welt – insbesondere bei der jungen Generation. Es lässt sich halt lockerer aussprechen als *Guten Tag* und klingt einfach 1000-mal cooler als *Grüß Gott*! Selbst in südbadischen Gasthäusern wird man nur noch selten scheel angeschaut, wenn man beim abendlichen Eintritt ein fröhliches *Moin!* in die Runde schmettert. Manchmal wird es sogar mit einem zögerlichen *Moin, Moin!* erwidert – das dann allerdings doch eher wie das berlinische *Morjen* klingt ...

Also, liebe Norddeutsche: Wir besitzen ein Wort aus unserer Heimat, das die ganze Welt toll findet ... damit haben wir eine Mission!

In diesem Sinne: **MOIN!**

Mit dem Tretboot nach Polen strampeln

Ein richtiger Norddeutscher, der schätzt nicht nur die eigene Heimat, sondern auch die angrenzenden Nachbarstaaten. Da wären Dänemark im Norden, Holland im Westen, im Süden … nun ja, eben die südlicheren Bundesländer, gemeinhin auch *Norditalien* genannt, und im Osten Polen. Und um den Leuten dort überall zu erzählen, wie schön es bei uns ist, hat man als Norddeutscher natürlich alle diese Grenzen schon einmal überquert. Oder zumindest mit dem Gedanken daran gespielt. Wer sich eher bei Letzterem angesprochen fühlt, dem sei die Überquerung der Grenze nach Polen auf der **Ostseeinsel Usedom** ans Herz gelegt. Da geht's nämlich schnell, unkompliziert und dazu zeitgemäß umweltbewusst zu Fuß oder mit dem Rad. Seit dem 19. August dieses Jahres ist Usedom nämlich europaweit die Nummer 1 – mit der längsten Strandpromenade des gesamten Kontinents! Auf rund zwölf Kilometern führt sie – vorbei an renovierten Villen, durch Kiefernwälder und Dünen – vom Seebad **Bansin** auf der deutschen Seite über die Grenze bis nach **Świnoujście** in Polen.

Lange waren die beiden Promenaden voneinander getrennt, bis vor Kurzem in einem gemeinsamen Projekt beider Länder die fehlenden 3,6 Kilometer ergänzt wurden. Auf dem ehemaligen Grenzstreifen in den Dünen findet sich jetzt eine rund 400 Quadratmeter große *Begegnungsplattform*, geteilt nur durch einen blauen Strich auf dem Steinboden, an dessen einem Ende eine dreieinhalb Meter hohe Edelstahlklammer thront. Deutsches Wappen links, polnisches rechts – als Symbol der Verbindung beider Staaten. Angesichts der deutsch-polnischen Geschichte ist das nicht selbstverständlich, nach Ende des Zweiten Weltkrieges wurde das damalige Swinemünde Polen zugesprochen. Deutsche Einwohner wurden vertrieben, Polen siedelten in der Stadt an. Der Name wurde in **Swinoujście** geändert.

Mit dem Tretboot nach Polen ist zwar anstrengend aber möglich!

Nach dem Fall des Eisernen Vorhangs näherten sich beide Seiten wieder an, der Grenzzaun am Strand wurde jedoch erst mit dem Beitritt Polens in den Schengen-Raum Ende 2007 entfernt.

Okay, für den Abenteuerurlauber ist das entspannte Flanieren ins Nachbarland natürlich nicht wirklich aufregend. Aber auch er kommt auf Usedom auf seine Kosten: Im Seebad **Ahlbeck** gibt es nämlich noch eine weitere, wesentlich *coolere* Möglichkeit der Grenzüberquerung. Nicht mit dem Flieger oder dem Auto, das wäre ja langweilig – nein, dem sportlichen, ambitionierten Freund der Völkerverständigung sei das Mieten eines Tretbootes ans Herz gelegt!

Vom letzten Bootsverleih vor der Grenze geht's auf dem Meer immer parallel zum Strand entlang gen Osten. Nach knapp zweieinhalb Kilometern taucht eine deutlich erkennbare Schneise im Wald auf: Hier verlief früher der Grenzstreifen. Heute kann man einfach daran vorbei in die polnischen Hoheitsgewässer einfahren und irgendwo im Nachbarland vor Anker gehen. Grundvoraussetzung dafür ist allerdings eine einigermaßen gute Kondition – weshalb diese Bootstrips noch einen Seltenheitswert besitzen. Günstige Zigaretten können auf dem Wasser leider nicht erworben werden, dafür sind Ihnen aber die anerkennenden Blicke beim nächsten Stammtisch sicher: Denn wer kann schon behaupten, einmal mit dem Tretboot nach Polen gefahren zu sein?!

Polen im Tretboot angelaufen am ....

Das Watt gerockt
am ....

Rock 'n' Roll im Watt

Am Anfang war das Wort.
Genauer: das Wort „Rock 'n' Roll"!

Gibt das eigentlich irgendeine vernünftige Übersetzung dafür in das Plattdütsche?", fragten sich die Jungs von der friesischen Freizeitband De Inspringer eines schönes abends, an dem sie nach einer Probe noch beim Bier zusammensaßen. Für Hauke, Jens, Kalle, Kurt und Peter war diese Frage durchaus relevant: Die Musik der fünf Inspringer liegt nämlich irgendwo zwischen Folk, Blues und eben: Rock 'n' Roll – das Ganze wohlgemerkt mit plattdeutschen Texten, denn Platt ist die Muttersprache der Herren aus der Gegend um Husum. Hochdeutsch haben sie erst in der Schule gelernt …

In den Songs der Inspringer geht es um wichtige Dinge, die jeder Norddeutsche nachvollziehen kann: Aaleeten (Aale essen mit sportlichem Charakter), De Gülletied (erst schnuppern, dann Wäsche raus hängen), Boßeln (gefährliche norddeutsche Sportart) oder auch Badedach (viel Platz in der Zinkwanne), wie sie auf ihrer Website erklären. Und eben um so etwas Fundamentales wie **Rock 'n' Roll im Watt**. Das sollte tatsächlich jeder Norddeutsche einmal gemacht haben: Man ist an der frischen Luft, hat ohne Ende Platz, tritt niemandem auf die Füße – und auf dem leicht glitschigen Boden gelingt der Tanzschritt *Smashed*

Potatoe, der den Rock 'n' Roll-Tänzer erst richtig cool aussehen lässt, fast wie von selbst. Im Internet kursiert ein Video der **Inspringer** darüber, mit dem sich jeder selbst davon überzeugen kann.

Der Name der Band – auf Hochdeutsch *Die Einspringer* – ist übrigens wirklich einer solchen Aktion geschuldet: Als bei einem Feuerwehrfest die eigentlich gebuchte Band sehr kurzfristig absagte, *sprang* die damals noch locker zusammengesetzte Musikergruppe eben einfach *ein*. Das Spontankonzert war ein durchschlagender Erfolg – und der Grundstein für eine friesische Erfolgsgeschichte gelegt. Seit 1992 treten die fünf Musiker, die zum Gelderwerb nach wie vor auch bürgerlichen Berufen nachgehen, in ihrer Freizeit immer mal wieder mit ihren ungewöhnlichen Liedern auf Dorffesten, Feuerwehrbällen und manchmal auch im Fernsehen auf: 2010 schafften es die Inspringer sogar bis in das Finale der NDR-Casting-Show **Die besten Talente für Büttenwarder**!

Auch wenn der Ruhm von Jahr zu Jahr größer wird und in letzter Zeit das Anfrage-Telefon immer öfter klingelt: Die Friesen bleiben entspannt auf ihrem heimatlichen Grasteppich und haben keine Ambitionen, in die Profiliga zu wechseln. Die Musik soll ja ein Spaß bleiben!

Wie es auch ein Spaß bleiben soll, Platt mit Pep aufzuführen: Die Sprache ist nämlich nach wie vor quicklebendig und hat viel Witz! Nur eines besitzt sie eben nicht: ein eigenes Wort für *Rock 'n' Roll* ...

Op Plattdütsch heet Rock 'n' Roll „Rock 'n' Roll"

Op Plattdütsch heet Rock 'n' Roll, „Rock 'n' Roll"

Dat givt keen anner Wort dorför

(„Rock 'n' Roll" / De Inspringer)

Doch ik finn dat is keen mahlör

Op Plattdütsch heet Rock 'n' Roll

Op Plattdütsch heet Rock 'n' Roll „Rock 'n' Roll"

Achtung, Einsturzgefahr! Belastungstest für eine Sommerbrücke

Brücke
gebaut
am ....

Eine Brücke bauen

... und sie dann zum Einsturz bringen!

Dieser Vorschlag für die „50 Dinge ..." erreichte uns von der Hochschule 21 (kurz: „HS21") in Buxtehude; wir hielten ihn zunächst für einen Scherz ...

Klar, Brücken an sich sind schon allein von ihrer Idee her toll! Brücken verbinden: Durch sie kommen Menschen zusammen, um sich auszutauschen, voneinander zu lernen oder Handel zu treiben. Das alles bequem, schnell, sicher – und ohne nass zu werden. Gerade im wasserreichen Norden mit seinen vielen Gräben, Kanälen und Flüssen kann es gar nicht genug Brücken geben – obwohl allein schon Hamburg mehr davon zählt, als Venedig, Amsterdam und London – *zusammengenommen*, wohlgemerkt! Wahrscheinlich hat tatsächlich jeder Norddeutsche auch schon einmal im Leben eine Brücke gebaut – und sei es auch nur, indem er einen Baumstamm über einen Bach legte, um trockenen Fußes ans andere Ufer zu gelangen.

Aber welcher Brückenbauer – egal, ob er nun mit einem Brett von 1,50 Metern Länge einen Graben überwindet oder mit Stahl und Beton eine ganze Straße mehr als einen Kilometer weit über ein Gewässer führt – hätte sich schon je gewünscht, nach der Errichtung seines Bauwerks mit diesem gleich wieder einzustürzen?

Die angehenden Ingenieure der kleinen, gemeinnützigen Privathochschule in Buxtehude im Süden von Hamburg tun dies. Sie sind so-

Die Brücke ist zusammengebrochen – Aufgabe erfüllt!

gar richtig glücklich, wenn die Konstruktion, an der sie wochenlang ge-
werkelt haben, unter ihrem Gewicht nachgibt und mit lautem Krachen
in das Flüsschen Este stürzt, das den historischen Ortskern der kleinen
Fachwerkstadt durchfließt. Über tausend Zuschauer jubeln ihnen dann
frenetisch zu ... *SPINNEN DIE HIER ALLE?*

Keinesfalls! **Sommerbrücken** heißt das Spektakel, bei dem alle zwei
Jahre im Juni rund 20 Brücken auf ihre Bruchfähigkeit getestet werden.
Es ist gleichzeitig öffentlicher Höhepunkt und Finale einer ziemlich an-
spruchsvollen Semesterabschlussarbeit für die Studenten aus den Bau-
studiengängen der **HS21**. Die Aufgabe: Sie sollen in kleinen Teams eine
transportable Brücke für die Este entwickeln und bauen, möglichst
formschön und aus Recycling-Materialien hergestellt. Der Clou: Zwei
Personen soll sie tragen können, unter dem Gewicht einer dritten aber
zusammenbrechen.

Für den Laien klingt das womöglich recht simpel – der Laie bricht
aber gelegentlich auch ganz ungewollt mit seinen Bauwerken ein. Erfah-
rene Ingenieure hingegen zucken jetzt womöglich zusammen, beißen
sich auf die Lippe und sagen: „Oha, das ist nicht leicht!" Ist es auch nicht:
Im Studium der Bauwissenschaften wird nämlich nur gelehrt, wie eine
Konstruktion *möglichst viel trägt*; wann sie aber eben unter ihrer Last zu-
sammenbricht – das müssen die Studenten für ihre Brücke erst mühsam
selbst herausfinden ...

Es mutet für Außenstehende vielleicht etwas komisch an, dass ausgerechnet diejenigen, die alles richtig gemacht haben, am Ende in das kalte,
brackige Wasser der Este plumpsen, während die Fehlkalkulatoren trocken bleiben. Die Jungingenieure sehen das anders: Welcher Baumeister
hat schließlich die Chance, kontrolliert mit seiner Konstruktion einzu-
brechen? Wenn man diese Erfahrung einmal gemacht hat, wenn man die
physischen Grenzen seines Bauwerks am eigenen Leib erfährt, dann legt
man noch vielmehr Sorgfalt in alle künftigen Planungen, um etwaige
Konstruktionsfehler zu vermeiden. Das bestätigten uns die, die klatsch-
nass nach ihrem Brücken-Crash aus der Este herausgekrabbelt kamen.
Für die Profis unter den norddeutschen Brückenbauern mag das eine
gute Schule sein; ob allerdings der Laie das Brettchen, das den Graben
hinter seinem Garten überbrückt, nun unbedingt einmal ansägen muss
– nur um zu sehen, wann es bricht –, das sei jedem selbst überlassen.

Mit Nordseewasser taufen

Das sei ein Muss für einen neuen norddeutschen Erdenbürger! – meinten Britta und Henning aus Grimersum in der Krummhörn. Sie überzeugten ihren Pastor von dem Vorhaben und fuhren eines schönen Tages an die nahe gelegene See, um Wasser für die Taufe ihrer Tochter Ventje zu besorgen.

Aber irgendwie war da wohl ein Druckfehler im Tidenkalender: Statt güldener Wogen plätscherte da gerade nur mal ein dünnes Rinnsaal durch eine Schlammwüste! Hier ließ sich nicht genug Flüssigkeit für den Festakt zusammenkriegen …

Beim zweiten Versuch am nächsten Tag klappte es dann aber – ironischerweise ausgerechnet an einer Badestelle mit dem Namen *Trockenstrand*. Dieser Strand ist eine ostfriesische Besonderheit: Feiner, weißer Sand erstreckt sich über eine Fläche von über 9000 Quadratmetern – nur das Meer ist (auch bei Flut) nicht zu sehen. Um dieses zu erreichen, muss man erst den nahe gelegenen Deich überqueren, dann zeigt es sich aber (hoffentlich) in seiner ganzen Pracht.

Henning marschierte nun also mutig mit einer Schöpfkelle den Deich hinab, Britta hielt ihm entschlossen einen Plastikbecher entgegen – und alsbald ward dieser gefüllt. Dass auf der anderen Seite der Bucht, nur wenige Kilometer entfernt auf der niederländischen Seite, riesige Industrieanlagen ihre Schatten werfen, stört die stolzen Eltern bis heute nicht: „Das Wasser der Krummhörn ist das beste Nordseewasser, das es gibt", erklärt Henning. Und er muss es wissen – schließlich ist er Diplom-Ingenieur für technischen Umweltschutz.

Natürlich wurde das Wasser vor der Taufe noch etwas aufbereitet: von Sinkstoffen befreit, zur Keimreduzierung gekühlt und erst kurz vor dem Kirchgang wieder aufgewärmt. Die kleine Ventje war am Anfang etwas skeptisch, aber als dann das Wasser im Taufbecken so lustig plätscherte, hatte sie durchaus Spaß an der ganzen Zeremonie und protestierte nicht. Die ganze Aktion ist übrigens nicht ganz so ungewöhnlich, wie

n Bad in Nordseewasser hat noch niemandem geschadet ...

man zunächst denken mag: Britta hat dieses Ritual von ihrer Heimatinsel Norderney mitgebracht. Dort ist es von alters her gang und gäbe, dass der Eintritt der neugeborenen Insulaner in das Leben als Christen mit Nordseewasser *begossen* wird. Schließlich prägt das Wasser wie kein anderes Element das Leben auf der Insel. Die glücklichen Eltern müssen sich auf Norderney nicht eigens um die Besorgung des kühlen Nass' bemühen – das erledigt der Küster routinemäßig. Es gibt dafür sogar einen eigenen Passus in seinem Aufgabenheft.

Wir finden: Es ist ein schöner Brauch, der gerne weiter verbreitet werden könnte! Schließlich verbindet die Nordsee den Norddeutschen mit dem Rest der Welt, symbolisch gesehen macht ihr Wasser das Neugeborene sozusagen zu einem wahren Erdenbürger. Außerdem lassen sich mit ein bisschen Glück auf diese Weise selbst Atheisten – die ja an sich nicht viel von der Taufe halten – zu dem Ritual bewegen: Schließlich soll so ein Bad im Meereswasser ja gegen alle möglichen Krankheiten abhärten ...

Mit
Nordseewasser
getauft am ....

Auf der Alster
Sport gemacht

am ....

Sich sportlich auf der Alster betätigen

Eigentlich ist die Hamburger **Alster** ja ein Fluss – und kein See, wie viele denken. Sie ist ein Nebenfluss der **Elbe**, der im Bereich der **Binnen- und Außenalster** zum sogenannten *Alstersee* aufgestaut wurde. Die Alster entspringt in der Gemeinde Henstedt-Ulzburg im Timhagener Brook (Schleswig-Holstein), etwa 25 km nördlich von Hamburg, und ist insgesamt nur 56 Kilometer lang.

Im Grunde ist das aber auch völlig egal. Hauptsache, da sind fast 190 ha Wasserfläche mitten in der Stadt mit Grün drumherum, in dem man sich herrlich erholen kann. Genau für diesen Zweck stehen etliche weiße Sessel aus Holz, unzählige Parkbänke und grüne Wiesen bereit. Nur auf die Hundewiese sollte man sich besser nicht legen. Na, und wenn es dann mal genug mit der Erholung ist, dann bietet die Alster diverse Möglichkeiten, sich sportlich zu betätigen. Und zwar nicht nur drumherum – joggen, den Hund oder auch den Mann spazieren führen – sondern, auch mitten drauf! Wassersport in der Großstadt – das geht nur hier, das können nur die Norddeutschen.

Ein Wassersportparadies mitten in der Großstadt – das gibt es nur bei uns im Norden!

Um die Alster lässt es sich auch herrlich joggen.

Schon früh morgens sieht man die Ruderer ihre ersten Bahnen auf der Außenalster ziehen. Entlang des Ufers gibt es viele traditionsreiche Ruderclubs, der älteste ist der **Hamburger und Germania Ruderclub** von 1838. Dazu kann man an vielen Stellen rund um die Alster Tret- und Ruderboote ausleihen und eine Tour durch die vielen angrenzenden Fleete machen. Bei günstigen Windverhältnissen ist die Außenalster zudem eines der schönsten Segelreviere Deutschlands – und auch eines der anspruchsvollsten. Es gibt ständig unvorhersehbare Winde, auf die man als Segler schnell reagieren muss, um nicht zu kentern. Das liegt vor allem an den Windböen aus den umliegenden Straßen, deren Häuserschluchten manchmal wie Turbinen funktionieren. Trotzdem: Ein Feierabendtörn unweit des Büros ist hier so sehr beliebt, dass sich bei gutem Wetter Hunderte von Booten auf dem Wasser tummeln.

Leichtsinnige – oder besondere Witzbolde – behaupten sogar, man könne dann trockenen Fußes von einem Ufer der Alster zum anderen gelangen, indem man nur von Boot zu Boot steige. Was stimmt, ist, dass man zu solchen Stoßzeiten besonders umsichtig segeln muss – denn

Vorfahrt haben immer die Alsterdampfer. Bis in die 1920er-Jahre gab es übrigens auch eine öffentliche Badeanstalt an der Außenalster; heute ist das Schwimmen zwar nicht gern gesehen – aber auch nicht verboten. Spätestens beim jährlichen Triathlon springen die Athleten in die Binnenalster und durchqueren sie in Rekordzeit.

Wer nun kein Freund des Wassersports ist, für den hält die Alster auch einiges zum Thema Wintersport bereit. Friert sie nämlich einmal komplett zu – das geschieht zugegebenermaßen nur alle Jubeljahre einmal –, dann flitzt halb Hamburg auf Schlittschuhen übers Eis, Kinder glitschen auf ihren Schuhen über die schneefreien Stellen – und ab und zu sieht man sogar einen Skilangläufer quer über die Alster ziehen.

Wer Sport aus Prinzip und grundsätzlich ablehnt – egal, ob im Sommer, im Winter, drinnen oder draußen –, der kann sich immer noch auf eine der vielen Parkbänke mit Blick aufs Wasser setzen. Und dann beim Entspannen all jene beobachten, die irgendwie auf der Alster Sport treiben. Ein paar Kalorien verliert man bestimmt auch auf diese Weise ...

Für Bewegungsmuffel: Parkbänke rund um die Alster, bei jedem Wetter nutzbar!

Lütt un Lütt richtig trinken

So ein kleines Bierchen hat mit seinen vielleicht 4,9 Volumenprozenten nicht genug Kraft, um einen ordentlich durchzuwärmen und frisch zu machen. Aber es löscht prima den Durst. Ein Kööm hingegen – ein Kümmelbrand also – hat zwar mit rund 36 % die nötige Drehzahl zur geistigen Belebung – aber zum Durstlöschen taugt er nicht, weil man anschließend womöglich im Koma läge …

Was also tun?

Der kluge Norddeutsche hat eine Lösung für dieses Dilemma gefunden: das *Lütt un Lütt*, ins Hochdeutsche übersetzt: *Klein und Klein*. Dabei handelt es sich um eine Kombination aus einem Bier, das in einem *kleinen* Glas mit nur 0,1 Liter Volumen serviert wird (ein Glas für 0,2 Liter geht im Notfall aber auch), und einem *kleinen* Glas (1 Zentiliter) Kümmel, das idealerweise V-förmig mit rundem Boden ist – so lässt es sich nämlich optimal halten.

Anfänger und Touristen schütten sich erst den Schnaps in den Rachen und spülen ihn dann mit dem Bier hinunter. Aber das ist ja keine

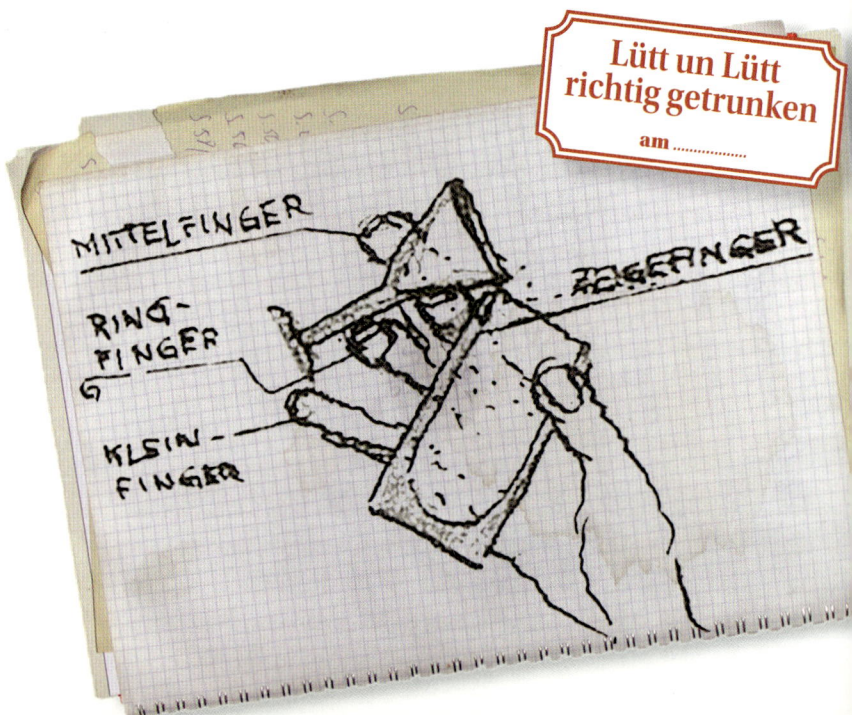

Lütt un Lütt richtig getrunken
am ....

MITTELFINGER

ZEIGEFINGER

RING-FINGER

KLEIN-FINGER

Kunst! Der Profi hingegen – also der echte Norddeutsche – nimmt das Bierglas zwischen Daumen und Zeigefinger und zwängt *zusätzlich dazu* das Schnapsgläschen wahlweise zwischen Zeige- und Mittelfinger oder zwischen Mittel- und Ringfinger, je nach Handgröße. Diese Glaskombination hebt er anschließend zum Mund und lässt während des Trinkvorgangs vorsichtig den Schnaps aus dem oberen Glas in den Bierfluss aus dem unteren einträufeln, sodass sich die Flüssigkeiten vermengen, *bevor* sie in die Mundhöhle einlaufen.

Bevor man dieses Ritual zum ersten Mal in der Öffentlichkeit durchführt, sollte man ein wenig geübt haben; denn schnell ist bei dieser komplizierten Aktion ein Malheur passiert! So ein bier- bzw. köömbespritztes Hemd ist in jeder Kneipe irgendwie … unsexy. Wir empfehlen daher, die Sache zunächst einmal in der Badewanne zu üben – und am besten füllt man die beiden Gläser dazu nur mit Wasser …

Über die Herkunft dieses Brauches gibt es verschiedene Theorien – wie es auch regional einige Variationen der Getränkekombination gibt. Am wahrscheinlichsten ist es, dass das Lütt-un-Lütt-Trinken im 19. Jahrhundert bei den Hamburger Hafenarbeitern entstanden ist. In den traditionsbewussten Kneipen der Hansestadt kann man das Getränkemenü in der Originalform tatsächlich immer noch unter dem Namen *Lütt un Lütt* oder auch simpel unter *Beer & Kööm* bestellen. In Hannover ist ein ähnliches Trinkritual erst seit 1920 offiziell nachgewiesen, wobei es de facto durchaus älter sein kann. Hier trinkt man die sogenannte *Lüttje Lage* auf die gleiche Weise, allerdings mit einem speziellen Braunbier und *Kornbrand* statt Kümmel. Man findet inzwischen überall im Norden verwandte Arten dieses alkoholischen Genusses – wobei der Korn den Kümmel langsam aber sicher verdrängt. Einige Anti-Traditionalisten versuchten in den letzten Dekaden des vergangenen Jahrhunderts, das Lütt-un-Lütt-Ritual ganz abzuändern: Sie versenkten das Schnapsgläschen einfach im Bierglas und nannten das ganze *U-Boot*. Zum Glück hat sich diese Darreichungsform nicht durchgesetzt … So muss man nach wie vor ein wenig üben, bis man das Lütt un Lütt wie ein echter Norddeutscher trinken kann: Schöne Traditionen sollte man nicht aufgeben!

Beim Lütt un Lütt kommt es auf das Fingerspitzengefühl an!

Seehunde und Robben beobachten

Sonnenbaden nebst Robben und Seehunden – nur auf Helgoland möglich!

Sie dösen friedlich am Strand, balgen sich knurrend und jaulend oder strecken ihre grauen, glänzenden Bäuche in die Sonne. Dabei sehen sie unglaublich drollig aus, so als könnten sie keiner Fliege etwas zu Leide tun. Nirgendwo anders in Norddeutschland kann man sie besser beobachten als auf Helgoland. Oft liegen mehrere Hundert Seehunde, und seit etwa 20 Jahren auch wieder eine kleine Population von 30 bis 70 Kegelrobben, hier am Strand der Düne. Unterscheiden kann man sie an ihrer Kopfform: Der Seehund hat einen rundlichen Kopf mit einer kurzen Schnauze und einer hohen Stirn; die Kegelrobbe hingegen hat einen eher lang gestreckten, kegelförmigen Kopf, dem sie auch ihren Namen verdankt. Sie ist zudem wesentlich größer und massiger als ein Seehund und wird bis zu 2,30 Meter lang und mehr als 300 Kilogramm schwer. Anhand der Fellfärbung lassen sich die Geschlechter sehr gut auseinanderhalten: Die Männchen sind dunkel bis schwarz mit hellen Flecken, bei den Weibchen ist es genau umgekehrt. Das Fell von Jungtieren ist in den ersten Wochen weiß bis sandfarben.

Kegelrobben sind im Wattenmeer, verglichen mit den Seehunden, eine echte Rarität. In der Nordsee wurden sie seit dem Mittelalter systematisch gejagt und so beinahe ausgerottet – die Fischer sahen sie als Konkurrenten. Von England aus breiteten sich die Robben aber in der zweiten Hälfte des 20. Jahrhunderts nach und nach wieder aus. Ihre weltweite Anzahl wird heute auf rund 150.000 Exemplare geschätzt, davon leben aber nur wenige Hundert in der südlichen Nordsee. Umso wichtiger ist es,

Seehunde gesehen und nicht gestört am ....

dass ihre Geburtenzahl auf Helgoland stetig zunimmt. Vor 15 Jahren kam hier die erste Kegelrobbe zur Welt, in diesem Jahr waren es schon fast 100 Exemplare. Sie werden zwischen November und Februar geboren und brauchen gerade am Anfang sehr viel Ruhe, um Kraft zum Überleben zu sammeln. Direkt nach der Geburt wird das Junge ununterbrochen von der Mutter bewacht und gesäugt, nach wenigen Tagen passiert das nur noch alle sechs Stunden. Dazwischen lässt das Muttertier ihr Junges allein am Strand zurück. Der Eindruck, dass ein einsames, am Strand liegendes, mutterloses Robbenjunges dringend menschliche Hilfe benötigt, ist daher meist falsch. Sind die Kegelrobben schließlich ausgewachsen, können sie bis zu 140 Meter tief tauchen und 20 Minuten lang unter Wasser bleiben. Auf ihrem Speiseplan stehen neben Lachsen und Dorschen auch Heringe, Makrelen und Schollen sowie Weichtiere und Krebse. Bis zu zwölf Kilogramm Futter braucht eine ausgewachsene Kegelrobbe am Tag.

Es gibt mehrere Orte in Norddeutschland, an denen man Seehunde und Robben in freier Natur beobachten kann. Oft allerdings nur mit dem Fernglas von einem Schiff aus. Auf Helgoland aber teilt man sogar den Strand mit ihnen und muss daher einige Regeln des ansässigen *Verein Jordsand zum Schutze der Seevögel und der Natur e. V.* beachten:

✔ Halten Sie immer einen Mindestabstand von 30 Metern zu den Tieren.
✔ Stellen Sie sich niemals zwischen Mutter und Jungtier.
✔ Versperren Sie den Tieren niemals den Fluchtweg ins Meer.
✔ Vermeiden Sie hektische Bewegungen.
✔ Passen Sie auf Ihre Kinder auf und nehmen Sie sie ggf. an die Hand.
Das Streicheln der Tiere oder das Bewerfen mit Gegenständen ist selbstverständlich verboten!

Hält man sich daran, steht dem besonderen Erlebnis des *Seehund- und Robbenwatchings* nichts mehr im Wege. Klar, dass jeder Norddeutsche das einmal erlebt haben muss!

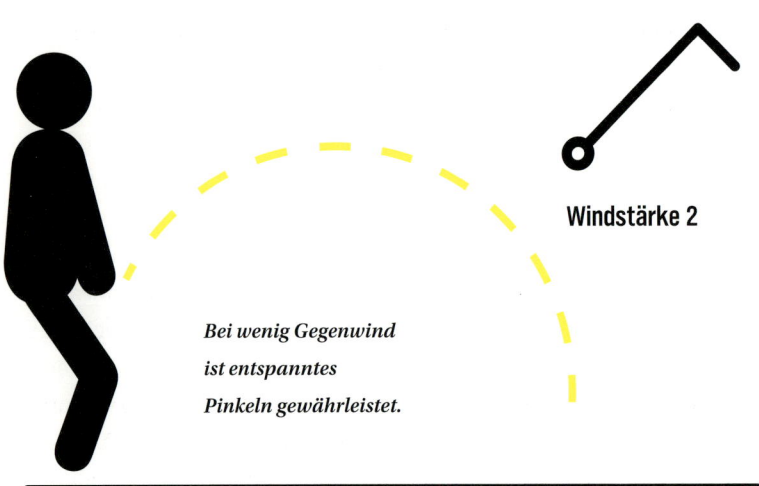

Windstärke 2

*Bei wenig Gegenwind
ist entspanntes
Pinkeln gewährleistet.*

Gegen den Wind Pinkeln

„… ohne sich dabei vollzuspackern!", wie Herr W. aus Oldenburg noch wissend hinzusetzte – denn das Faktum des Sauberbleibens ist es ja, was einen Norddeutschen von allen anderen unterscheidet. Sieht man sich z. B. die Lederhosen der Bayern zu einer fortgeschrittenen Stunde des Oktoberfestes an …, aber wir wollen sachlich bleiben!

Eine Grundvoraussetzung des Gegen-den-Wind-Pinkelns (GdWP) ist es wohl, dass der Ausführende männlich ist. Das ist keinesfalls chauvinistisch gemeint, sondern allein der männlichen Anatomie geschuldet, die sich von der weiblichen gerade in Sachen Harnlassen doch sehr unterscheidet; sie eignet sich schlicht und einfach besser für das GdWP. Ausnahmen bestätigen wie immer die Regel.

Bei der Tätigkeit an sich treffen zwei Faktoren rein physikalischer Art aufeinander, von deren jeweiligem Verhältnis zueinander das Gelingen oder Missgelingen des GdWP abhängt: Zum einen ist da **der Gegenwind**, zum anderen **der Druck des Strahls**. Gibt es keinen Wind, kann man pinkeln, wie man will – klar. Je größer jedoch die Geschwindigkeit des Windes ist – der Kraft also, die gegen den Druck des Harnstrahls waltet –, desto stärker muss der Druck eben dieses Harnstrahls sein, damit man sich eben nicht … *vollspackert.*

Wie nun aber die Kräfte kalkulieren, damit kein Malheur passiert?

Die Geschwindigkeit des Windes kann man klar feststellen, nämlich anhand der sogenannten **Beaufort-Skala**, benannt nach ihrem Entwickler, dem Hydrografen der britischen Admiralität, Sir Francis Beaufort (1774–1857). Diese teilt den Wind in zwölf Stufen ein: 0 steht für absolute Windstille, 3 ist eine schwache Brise, die 12 bis 19 Stundenkilometer erreicht, sodass sich die Zweige der Bäume bewegen, 7 ist ein steifer Wind, gegen den man sich schon mächtig anlehnen muss, und 12 ist ein Orkan mit Windgeschwindigkeiten über 117 Kilometer in der Stunde, der schwere Schäden anrichtet.

Der Harnstrahl lässt sich nicht so einfach und exakt bestimmen – obwohl seine Erscheinungsbilder allgemein bekannt sind: Sie reichen von dem Rinnsal, das senkrecht nach unten plätschert, bis zum Modell *Hoher Bogen*, mit dem Entfernungen von bis zu 6 Metern erreicht werden. Für die Wissenschaft war es bisher müßig, eine exakte Klassifikation des Harnstrahls aufzustellen; dieser setzt sich nämlich aus zu vielen *individuellen UND temporären* Parametern des jeweils Pinkelnden zusammen: Fülle der Blase, Durchmesser der Harnröhre, Beschaffenheit des Urins (war der Ausgangsstoff Bier oder Tomatensaft?) usw. Dabei wäre

Windstärke 4

Bei mehr Gegenwind ist Konzentration und Druck gefragt.

Windstärke 6

Bitte nur in kompletter Regenmontur
ausführen – inklusive Gesichtsschutz
für alle Umstehenden!

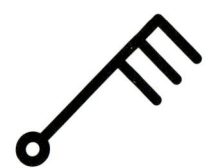

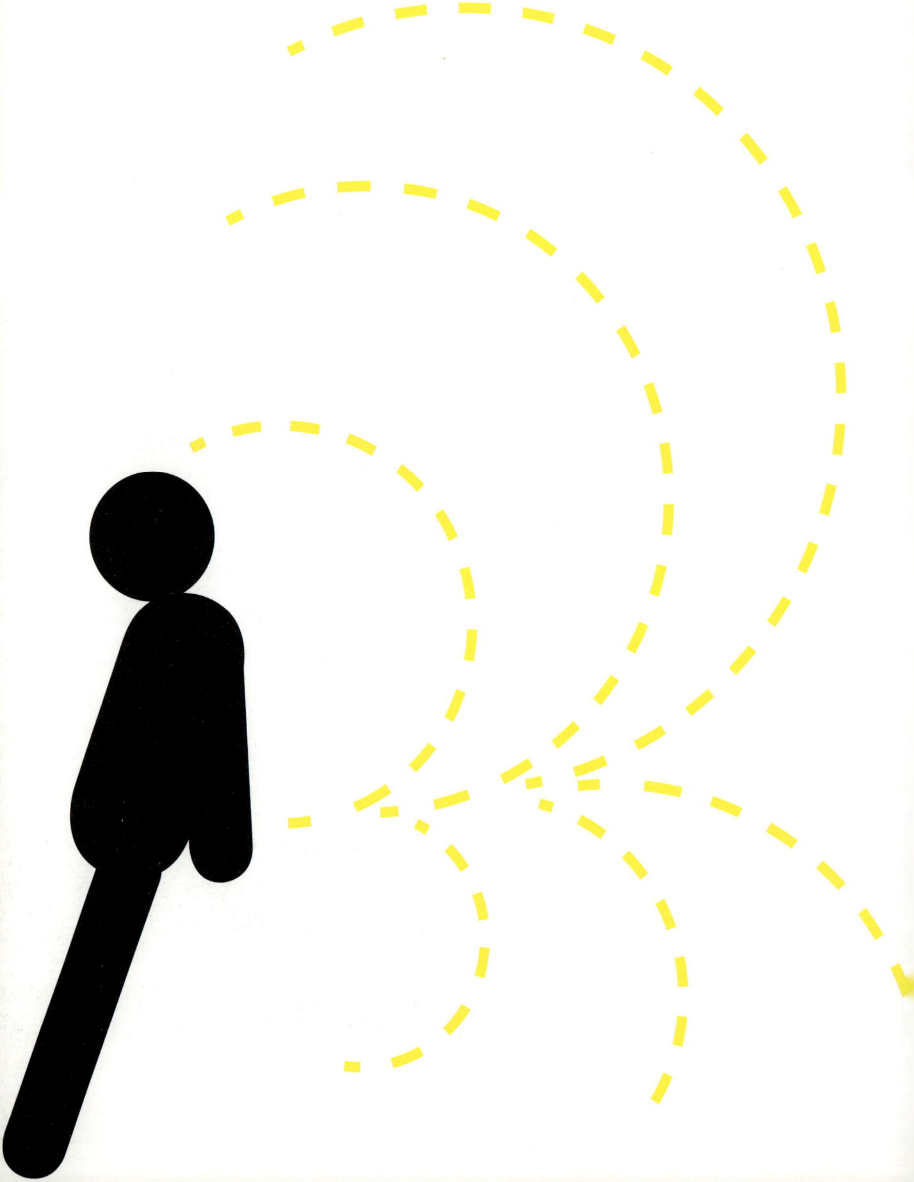

es heute theoretisch möglich, ein Gerät zu entwickeln, mit dem man die jeweilige Kraft des zu erwartenden Strahls genau bestimmen könnte. Eine Maßeinheit dafür festzulegen – *Pipifort* z. B. – wäre zwangsläufig der nächste Schritt. Danach fehlten nur noch ein simpler Windmesser sowie eine Formel für die Berechnung des Verhältnisses von Beaufort zu Pipifort – und schon ließen sich die Elemente bis an die äußersten Grenzen herausfordern!

Leider lässt uns die Wissenschaft hier aber offiziell schmählich im Stich: Sie bleibt uns Gerät wie Formel schuldig.

Wir erhielten bei unseren Recherchen zu dem Thema allerdings unter der Hand wenigstens einen unverbindlichen Rat von einer internationalen Koryphäe der Meteorologie, die hier namentlich nicht genannt werden will; einige Wissenschaftler machen sich nämlich augenscheinlich doch Gedanken über die *wichtigen* Dinge der Welt – und wollen unseren norddeutschen Leser vor peinlichen Situationen à la Oktoberfest bewahren:

Vorausgesetzt, dass derjenige, der unbedingt gegen den Wind pinkeln muss, seine Blase bereits mit einer recht hohen Menge einer schnell fließenden Flüssigkeit – vulgo: Bier – gefüllt hat, gehen wir von einem mittleren bis hohen Druck des Harnstrahls aus. Geheime Feldversuche mit verschiedenen Probanden haben unter diesen Bedingungen ergeben, dass maximal 5 Beaufort – eher: 4 – walten dürfen, damit das Wagnis nicht buchstäblich in die Hose geht. 4 Beaufort erkennen wir daran, dass sich die Zweige der Bäume bewegen und loses Papier vom Wind sanft vorangetrieben wird. Wenn der Wind aber hörbar in den Ohren pfeift – das tut er ab 6 Beaufort –, dann sollten wir ihm tunlichst den Rücken zuwenden und einfach *mit* seiner Richtung unser Wasser lassen! Norddeutsche sind ja bekanntlich schlau ...

Gegen den Wind gepinkelt

am ....

Für einen Hotdog nach Dänemark segeln

In ein *fremdes* Land zu segeln, nur um einen Hotdog zu essen? Das klingt total bescheuert, weil völlig übertrieben. Aber auch nur, wenn man nicht weiß, dass die Tour zum dänischen Hotdog-Laden *Annies kiosk* Teil der Segelausbildung der **Hanseatischen Yachtschule Glücksburg** ist. Und wenn man nicht weiß, dass dort am Bootssteg vor dem Kiosk schon so ziemlich jeder Segler aus der Gegend einmal angelegt hat. Beides natürlich aus guten Gründen: Zum einen liegt *Annies kiosk* in **Sønderhav** direkt an der Flensburger Förde, nur rund zwei Kilometer Luftlinie vom deutschen Ufer entfernt – und ist somit auch für Segelanfänger gut erreichbar. Zum anderen – und das ist wohl der eigentliche Grund – gibt es dort die besten Hotdogs Dänemarks! Der Hype um das Würstchen im Brötchen geht sogar so weit, dass die ansässigen Dänen ihrer Stadt den Spitznamen *Hotdoghav – Hotdoghafen* – gaben. Und das nur dank einer unscheinbaren, kleinen Holzbude mit eigenem Parkplatz, aus der heraus seit 1945 die beliebten Hotdogs verkauft werden. Bis zu 1000 sind es Tag für Tag – teilweise noch immer ausgege-

Rund zwei Kilometer liegen zwischen der Segelschule und Annies kiosk.

Mit dem Boot zum Hotdog-Essen

gesegelt am ....

Seit 1945 schon machen hier herzhafte Hotdogs hungrige Segler glücklich.

ben von Besitzerin und Namensgeberin **Annie Bøgild** persönlich, die seit 1966 hinter der Theke steht.

Die Idee, einen Kiosk in Sønderhav an der Förde zu eröffnen, hatte ihr Vorgänger **Reinhardt Petersen** bereits 1936. Er versprach sich Kundschaft durch die gerade fertig gestellte Landstraße und eröffnete einen kleinen *Wurstwagen-Stand* direkt in Ufernähe. 1945 wechselte der Kiosk schließlich auf die andere Straßenseite, wo er bis heute steht. Petersen war es auch, der Annie als 15-jährige Aushilfe einstellte und sie 1974 zur Miteigentümerin machte. Zehn Jahre später übernahm sie den Betrieb.

In der Hanseatischen Yachtschule in Glücksburg kennt jeder den Kiosk. Für die Schüler ist die Fahrt über die Förde zu *Annies kiosk* Abschluss der Segelausbildung. Nach einer Woche Theorie und Praxis geht es ein letztes Mal aufs Wasser. Das Segel hissen, ein paar Halsen fahren und schließlich am Bootssteg auf der dänischen Seite anlegen auf ein Wurstbrötchen bei Annie – sozusagen die Meisterprüfung des Kurses. Dann geht es die zwei Kilometer wieder zurück zur Segelschule. Was für einen Außenstehenden skurril klingt, hat hier an der Flensburger Förde in Schleswig-Holstein tatsächlich Tradition – einmal für einen Hotdog nach Dänemark gesegelt sein!

Der wohl verdiente Lohn nach einer anstrengenden Überfahrt.

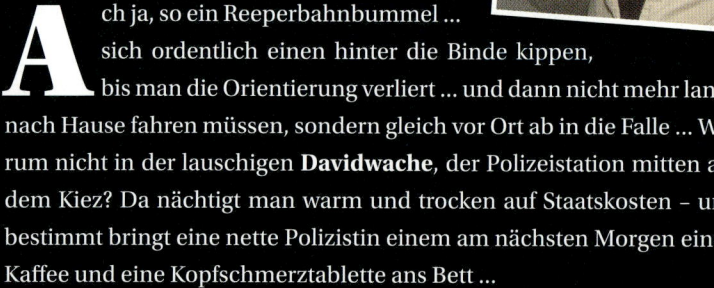

POLIZE

Eine Nacht in der Davidwache verbringen

Ach ja, so ein Reeperbahnbummel ... sich ordentlich einen hinter die Binde kippen, bis man die Orientierung verliert ... und dann nicht mehr lang nach Hause fahren müssen, sondern gleich vor Ort ab in die Falle ... Wa rum nicht in der lauschigen **Davidwache**, der Polizeistation mitten a dem Kiez? Da nächtigt man warm und trocken auf Staatskosten – un bestimmt bringt eine nette Polizistin einem am nächsten Morgen eine Kaffee und eine Kopfschmerztablette ans Bett ...

Das klingt alles ganz romantisch – oder wenigstens: nach *harte Kerl*. Aber die Realität sieht ganz anders aus! Die Beamten auf der David wache haben nämlich ganz andere Sorgen, als sich mit harmlosen Ze chern herumzuschlagen. Ihr Revier umfasst zwar nicht einmal eine Quadratkilometer – und ist damit das kleinste Europas. Aber es gilt auc als das Härteste – zumindest in Deutschland. Auf seinen 0,92 km² tob Tag für Tag – und noch vielmehr: Nacht für Nacht – das pure Leben. D

etlichen Kneipen, Clubs, Discos, Tabledance-Läden un Bordelle rund um die Reeperbahn locken ein paar Mill onen Besucher im Jahr an. Und damit auch Kriminell aller Art. Schlägereien, Überfälle, Drogendelikte un Morde gehören hier leider zur Tagesordnung. Von de etlichen, auffällig gewordenen Betrunkenen und de *Über's-Ohr-Gehauenen* mal ganz zu schweigen. Um je dem Dahergelaufenen in den Kellerzellen des be rühmten historischen Gebäudes von 1914 ein Obdac zu bieten, fehlt es schlichtweg an Platz. Also landen nur die harten Fälle hier unten: brutale Schläger und vollkommen Zugedröhnte.

Unter uns: Wer die Zellen einmal im nüchternen Zustand besichtigt hat, wird hier niemals freiwillig übernachten wollen! Herr Momsen hat einmal Probe gelegen – und war alles andere als begeistert. Die 6 Quadratmeter großen *Schlafzimmer* verfügen nämlich nur über eine Pritsche aus Holz und Beton. Ein weiches Bett fühlt sich anders an ... Und nach sanitären Einrichtungen kann man hier lange suchen, sie beschränken sich nämlich auf einen Abfluss im Boden. Die meisten *Gäste* dieses Etablissements seien eh nicht mehr in der Lage, sich in kultivierter Form zu entleeren, wird Herrn Momsen erklärt. Also wurde auf eine Ausstattung mit WC verzichtet – wer als Gast hier unten eines aufsuchen möchte, kann gerne nach den Wachhabenden klingeln, die ihn auf eines bringen werden. Man bekommt mittels Nase allerdings schnell eine Ahnung von dem Normalbetrieb hier – obwohl eine Abluftanlage sehr lautstark von ihrem Dauerbetrieb kündet und die Zellen sofort nach Gebrauch mit einem starken Wasserstrahl und scharfen Desinfektionsmitteln gereinigt werden. Wer besonders lichtempfindlich ist, wird an diesem Ort kaum zur Ruhe kommen: Tag und Nacht sind die *Gasträume* nämlich von einem trüben Licht erhellt, schließlich müssen sich die Polizisten vom Wohlbefinden ihrer Logiergäste überzeugen können. Was sie mithilfe von Video-Überwachung in allen Räumen auch ständig tun. Erst wenn sich die *Hoteliers in Uniform* auf diesem Wege vergewissert haben, dass ihre *Kunden* wieder halbwegs tageslichttauglich sind, öffnen sich die Türen zur Freiheit. Einen Kaffee zum Abschied gibt es freilich nicht – den kann man sich gefälligst selbst im Schnellimbiss gegenüber besorgen.

Viele Übernachtungsgäste erhalten später einen Brief von der Staatsanwaltschaft: So ganz ohne strafrechtlichen Hintergrund einen Schlafplatz im *Hotel Davidwache* zu ergattern, ist nämlich eher die Ausnahme. Eine Vorstrafe aber macht sich nie besonders gut im Lebenslauf ... Entsprechend sollte man es sich gut überlegen, ob man sich wirklich nur dann als Norddeutscher fühlen kann, wenn man einmal hier übernachtet hat ...

Davidwache bewohnt am ....

So sieht eine Strandburg aus – nicht zu verwechseln mit einer Sandburg!

Eine Strandburg bauen

Das, sagen viele, sei ein Muss für jeden Norddeutschen. Vermutlich sind es eher ältere Herrschaften, die sich wehmütig an diesen Brauch erinnern; die Jüngeren wissen womöglich nicht einmal mehr, was eine *Strandburg* eigentlich ist. Woher auch? Die Konstruktion dieser Bauten ist an den meisten Stränden nämlich schon lange verboten. Bis weit in die zweite Hälfte des letzten Jahrhunderts hinein war es jedoch üblich, dass die gesamte Familie an den Strand zog und sich dort für die Dauer des Urlaubs eine Art territoriale Exklave, einen Familienstaat im Staate, schuf.

Das Zentrum dieser Zwergnationen war im Idealfall ein Strandkorb, zur Not reichte aber auch die Einstichstelle des alles beschattenden Sonnenschirms. Um diesen Punkt herum wurde nun ein (möglichst perfekter) Kreis gezirkelt, der einen Durchmesser von bis zu sechs Metern haben konnte. Entlang seiner Linien buddelte traditionell das Familienoberhaupt einen Mini-Limes, den Sand immer konsequent von innen nach außen schaufelnd. Zwangsläufig sah das Ergebnis am Ende immer wie ein kleiner Bombenkrater aus. Um etwaige Kriegs-Assoziationen zu vermeiden, durften daher nach dem sorgsamen Festklopfen der Sandwände die Frauen und Kinder die Außenwände mit Muscheln, Seetang und anderem Dekorationsmaterial verzieren. Neben Blumen-, Fisch- und Ankermosaiken waren besonders Aufschriften wie *Hier wohnt Familie Müller* beliebt. Wer es etwas polyglotter, jetsettiger bevorzugte, schrieb *My home is my castle*. Perfektionisten scheuten am Ende der Bauarbeiten keine noch so ausgedehnte Strandwanderung, um irgendwo im angeschwemmten Gut etwas aufzutreiben, das man als Fahnenmast benutzen konnte – je länger, desto besser. Dass man es dann womöglich kilometerweit zu seinem Bau schleifen musste, war

Die Konstruktion einer Strandburg verlangt nach Sorgfalt und Muskelkraft.

egal. Nur so wurde eine Burg erst wirklich perfekt: Wenn das Familienbanner für die schönsten Tage des Jahres hoch über allem munter im
Wind flatterte. Egal, *ob Antiimperialistischer
Schutzwall* oder *Deutschordensburg* – das Sand-
werk war in Ost und West gleichermaßen beliebt.

Tatsächlich hatte so eine Burg durchaus einigen praktischen Nutzen: Der Wall – meistens um
die 50 cm hoch – hielt die kühlen Küstenwinde, die
an Nord- und Ostsee gerne auch unmittelbar über
dem Boden noch horizontal wehen, von den Son-
nenbadenden fern. Ebenso fern gehalten wurden

aufdringliche Strandnachbarn, die womöglich auf dem Weg zum Wasser ohne diese deutliche Grenzmarkierung achtlos über Handtücher, Picknickutensilien, Spielzeuge und Privatsphäre der hier Residierenden getrampelt wären. *In der Burg erst kommt die Ruhe*, lautete entsprechend der Leitspruch engagierter Strandburgingenieure. In dieser Ruhe erst konnte eine deutsche Familie das Abbild ihres trauten Heims in schöner Ordnung nachstellen: Kühlbox, Luftmatratzen und Schwimmreifen als Symbole für Küche, Schlaf- und Wohnzimmer.

Diese zauberhafte Tradition hatte einige Generationen lang Bestand. Dann kamen die üblichen Miesepeter, die auch gegen das Rauchen in Restaurants und das Verklappen von Altöl in der Nordsee sind. Sie ließen den Bau von Strandburgen offiziell verbieten. „Küstenschutz!", erklärten sie, weil die aufgegebenen, herrenlosen Burgen vom Winterhochwasser ausgespült würden und fortan kleine Buchten an den per se geradlinigen Stränden bildeten. An diesen Stellen *könne* bei Sturmfluten der Druck der herandrängenden Wassermassen so groß werden, dass die Deiche dahinter kaum standhalten *könnten* – so die Hypothese der Strandburggegner. Eine ästhetisch orientierte Unterfraktion von ihnen beschwerte sich zudem über die landesuntypische, kratergesäumte Mondlandschaft, welche die burgenbauenden Badegäste am Ende der Saison hinterließen. Einheimischen würde bei diesem Anblick der winterliche Strandspaziergang vergrault werden ...

So ist also der Bau von Strandburgen heute an den meisten Sandufern Norddeutschlands offiziell verboten. Die Ausnahmeorte zwischen Krummhörn und Usedom werden tagesaktuell in den halblegalen Internetforen der letzten bekennenden Strandburgbauer bekannt gegeben. Wer nun allerdings – als guter Norddeutscher – mit einem Schäufelchen eine kleine, eher symbolische Burg baut, bei dem drücken die Strandwächter meist ein Auge zu. Der Gebrauch von Mini-Baggern wird allerdings überall strengstens geahndet!

Strandburg errichtet am ....

Lesen

Der Schimmelreiter" von Theodor Storm (1817–1888) sollte man als Norddeutscher auf jeden Fall mal gelesen haben! Am besten auch gleich noch die weiteren Werke dieses in Husum geborenen Autors, in denen er wie kein zweiter die Realität vom Leben an der Küste beschreibt.

... aber ich sah nichts als die gelbgrauen Wellen, die unaufhörlich wie mit Wutgebrüll an den Deich hinaufschlugen und mitunter mich und das Pferd mit schmutzigem Schaum bespritzten; dahinter wüste Dämmerung, die Himmel und Erde nicht unterscheiden ließ; denn auch der halbe Mond, der jetzt in der Höhe stand, war meist von treibendem Wolkendunkel überzogen. Es war eiskalt; meine verklommenen Hände konnten kaum den Zügel halten, und ich verdachte es nicht den Krähen und Möwen, die sich fortwährend krächzend und gackernd vom Sturm ins Land hineintreiben ließen. Die Nachtdämmerung hatte begonnen, und schon konnte ich nicht mehr mit Sicherheit die Hufen meines Pferdes erkennen; keine Menschenseele war mir begegnet, ich hörte nichts als das Geschrei der Vögel, wenn sie mich oder meine treue Stute fast mit den langen Flügeln streiften, und das Toben von Wind und Wasser. Ich leugne nicht, ich wünschte mich mitunter in sicheres Quartier. (...)

Jetzt aber kam auf dem Deiche etwas gegen mich heran; ich hörte nichts; aber immer deutlicher, wenn der halbe Mond ein karges Licht herabließ, glaubte ich eine dunkle Gestalt zu erkennen, und bald, da sie näher kam, sah ich es, sie saß auf einem Pferde, einem hochbeinigen hageren Schimmel; ein dunkler Mantel flatterte um ihre Schultern, und im Vorbeifliegen sahen mich zwei brennende Augen aus einem bleichen Antlitz an.

Wer war das? Was wollte der? – Und jetzt fiel mir bei, ich hatte keinen Hufschlag, kein Keuchen des Pferdes vernommen; und Roß und Reiter waren doch hart an mir vorbeigefahren!

In Gedanken darüber ritt ich weiter, aber ich hatte nicht lange Zeit zum Denken, schon fuhr es von rückwärts wieder an mir vorbei; mir war, als streifte mich der fliegende Mantel, und die Erscheinung war, wie das erste Mal, lautlos an mir vorübergestoben. Dann sah ich sie fern und ferner vor mir; dann war's, als säh' ich plötzlich ihren Schatten an der Binnenseite des Deiches hinuntergehen.

Etwas zögernd ritt ich hintendrein. Als ich jene Stelle erreicht hatte, sah ich hart am Deich im Kooge unten das Wasser einer großen Wehle blinken – so nennen sie dort die Brüche, welche von den Sturmfluten in das Land gerissen werden, und die dann meist als kleine, aber tiefgründige Teiche stehenbleiben.

Das Wasser war, trotz des schützenden Deiches, auffallend bewegt; der Reiter konnte es nicht getrübt haben; ich sah nichts weiter von ihm.

„Der Schimmelreiter", Theodor Storm

Den Schimmelreiter
gelesen am ....

Am Graben
gesessen

am ....

Weiße Wolken
ziehen durch den hohen Himmel

Das Gras ist grün

Eine Biene summ vorbei

Eine
Kuh blökt

Der Wind weht durch das Gras

Ja, ein Norddeutscher muss **am Graben sitzen** und den Kühen beim Weiden zusehen können – gerne auch stundenlang. Das gibt nämlich die typisch norddeutsche Gelassenheit!

Bei einer Schiffstaufe dabei sein

Schiffe sind die ältesten Fortbewegungsmittel der Geschichte. Mit ihnen erst wurde die Eroberung fremder Welten möglich, der überregionale Handel, der Austausch zwischen den Kulturen. Sicher, betrachtet man die gesamte Historie, lässt sich einwenden, dass das nicht immer unbedingt von Vorteil war; trotzdem muss man wohl zugeben, dass die Erfindung des Schiffes insgesamt der Menschheit eher zum Nutzen denn zum Schaden gereicht hat.

Sehr früh entwickelte der Mensch ein intimes Verhältnis zu seinem fahrbaren Untersatz auf den Weltmeeren. Das verwundert wenig, schließlich vertraute er dieser Konstruktion, mit der er die feindliche Wasserwelt überwand, sein Leben an; zudem stellte sie für ihn manchmal über Monate hinweg die einzige Heimstatt in einer Wüste von Wogen dar. Das Schiff war nicht irgendein Gebrauchsgegenstand wie etwa ein Tonkrug, sondern ein regelrechter Verbündeter im Kampf mit den Elementen, dem man sogar eine Art Eigenleben zugestand. Fast zwangsläufig gab man also jedem dieser Schiffs-Individuen irgendwann auch eigene Namen – belegt ist das bereits aus dem 4. Jahrtausend vor Christus.

Die *Geburt* eines Schiffes, der Stapellauf, ist schon immer ein besonderes Ereignis gewesen, das mit einem Festakt begangen wurde: Schließlich wurde hier das Ergebnis einer monatelangen, aufwendigen Gemeinschaftsarbeit an Land in die weite Welt des Meeres entlassen. Auf Basis der christlichen Tradition der Taufe, bei der der Name des neuen Erdenbürgers offiziell verkündet wird, entwickelte sich in der Neuzeit die heutige Form der Schiffstaufe.

Gerade für einen Norddeutschen stellt diese feierliche Zeremonie immer noch ein erhebendes Erlebnis dar, dem er mindestens einmal im Leben beigewohnt haben sollte. Denn gerade diese Region, die gleich von zwei Meeren umschlungen ist, wurde von alters her besonders durch die Seefahrt geprägt: Die Meeresfischerei trug lange Zeit einen großen Teil zur Ernährung der Bewohner bei, der Handel über See hat ihre Städte groß und reich gemacht – und macht es noch heute. Neuerdings kommt die touristische Kreuzfahrt als bedeutender maritimer Wirtschaftszweig hinzu. So wundert es wenig, dass im Jahre 2007 über

300.000 Menschen in Hamburg zusammenströmten, als das luxuriöse Passagierschiff *Aida Diva* getauft wurde.

Der rituelle Höhepunkt so einer Taufe ist immer sehr ähnlich: Meist hält eine Tauf*patin* (z. B. die Gattin des Schiffseigners), eine kurze, launige Ansprache. Diese sollte mit den Worten enden: „... und so taufe ich Dich denn nun auf den Namen YXZ. Allzeit gute Fahrt – und immer einen Handbreit Wasser unter dem Kiel." Sodann lässt die Dame eine Flasche Sekt bzw. Champagner, die an einem Seil hängt, gegen die Schiffswand knallen, auf dass sie zerbrechen möge. Tut sie das nicht, gilt das nämlich als schlechtes Omen ...

Damit die Flasche *garantiert* zerschellt, haben kluge Ingenieure inzwischen eine komplizierte Apparatur entwickelt, welche vielerorts die ursprüngliche Seilmethode ersetzt; sie ähnelt eher einer Champagnerflaschen-Wurfmaschine, bei der die Taufpatin für den Abschuss nur noch auf einen roten Knopf drücken muss – auf weitere Details wollen wir hier verzichten, um die romantische Vorstellung von einer Schiffstaufe nicht vollends zu zerstören.

Falls Sie nun spontan Lust bekommen haben, eine eigene Schiffstaufe mit allem Drum und Dran zu organisieren, beachten Sie bitte noch eines: Die beschriebene Taufzeremonie eignet sich nur für Schiffe mit einem einigermaßen stabilen Rumpf! Versuchen Sie bitte **nie**, z. B. Ihr kürzlich erworbenes, hölzernes Ruderboot mit einer Glasflasche zu bewerfen – das Ergebnis könnte nämlich ein Loch in der Schiffswand sein! Öffnen Sie die Flasche lieber vorher, begießen das Schiffchen mit etwas Schaumwein und genießen Sie dann selbst den Rest des edlen Schaumweins – das ist auch vollkommen legitim.

Schiffstaufe gesehen

am ....

Mit der Kutsche nach Neuwerk fahren

Einmal mit der Fähre auf eine norddeutsche Insel überzusetzen, das klingt logisch. Auch, dass man nach Sylt – bekanntlich ebenfalls eine Insel – mit dem Zug fahren kann, davon hat man schon gehört. Aber mit der *Kutsche* auf eine Insel?

Ja, auch das geht in Norddeutschland und vermutlich auch *nur* dort. Und allein schon, weil es so skurril ist, muss es jeder Norddeutsche einmal gemacht haben: mit der Pferdekutsche durchs Watt auf die Insel **Neuwerk** gefahren sein!

Je nach Tide wechselt die Abfahrtszeit der Kutschen von **Cuxhaven** täglich. Zwischen sechs Uhr morgens und sechs Uhr abends, immer drei Stunden nach dem Hochwasser. Gefahren wird bei fast jedem Wetter von Mitte März bis Ende Oktober. Seit 150 Jahren schon gibt es diesen Linienverkehr. Anfangs war er allein für die Versorgung der Inselbewohner gedacht, heute gelten die insgesamt 43 Wagen vor allem als beliebte Ferienattraktion für Touristen.

Bevor es für die Besucher ins Watt geht, müssen die es aber erst mal auf die Kutsche schaffen: 1,75 Meter hoch sitzt man auf den Wagen – denn auch bei Ebbe ist das Wasser in einigen Prielen, den kleinen Wasserläufen im Watt, noch über einen Meter tief. Und nass werden, das möchte keiner. Hat man die Leiter schließlich bezwungen, kann man sich entspannt zurücklehnen – die restliche Arbeit verrichten der Kutscher und seine zwei Zugpferde.

Über einen asphaltierten Weg ziehen die Gäule die Kutsche über den Deich rein ins Watt. Plötzlich verstummt das laute Klackern der Hufen, man ist jetzt mitten in der Natur. **Christian Kühlcke**, einer der 80 zugelassenen Wattwagenfahrer, schnalzt mit der Zunge und die Pferde gehen in den Trab. Erst parallel zum Strand, dann in einem großen Bogen hinein in die schier endlos wirkende Weite über den schlammigen Boden Richtung Neuwerk.

Oben auf der Kutsche weht einem der frische Nordseewind ins Gesicht; je nachdem, wie man seinen Kopf dreht, kann man das Knarzen des hölzernen Bodens unter den Füßen hören oder das regelmäßige Platschen der Hufen auf dem nassen Sand. Am Himmel kreisen die Lachmöwen, Austernfischer suchen im Watt nach Nahrung und in der Ferne sieht man Containerschiffe die Elbmündung passieren. Ab und zu drosselt Kutscher Kühlcke das Tempo, dann geht es durch einen der Priele. Kaum vorstellbar, dass hier das Wasser bei Flut bis zu drei Meter hoch steht! Ganz langsam waten die Tiere durch die Tiefe. Dabei schwankt die Kutsche teilweise so stark auf dem holprigen Untergrund hin und her, dass man fast seekrank wird.

Nach anderthalb Stunden quer durchs *Weltnaturerbe Wattenmeer* erreicht die Kutsche schließlich das Ziel: die rund drei Quadratkilometer große Insel **Neuwerk** mit ihren 37 Einwohnern. Politisch gehört sie übrigens zu **Hamburg** – und könnte doch keinen größeren Kontrast zu der Elbmetropole bieten: Statt Großstadttrubel und Verkehrschaos gibt es hier vor allem frische Nordseeluft – und ganz viel Ruhe. Eine Stunde Aufenthalt haben die Besucher, bevor es bei Niedrigwasser zurück Richtung Festland geht. Wer möchte, klettert die 138 Stufen auf den historischen Leuchtturm, isst eine Bockwurst am Imbissstand oder versucht, die Insel einmal zu umrunden – wer gut zu Fuß ist, braucht dafür nämlich ziemlich genau eine Stunde. Und sitzen kann man schließlich auch noch genug, wenn es zurückgeht – die anderthalb Stunden quer durchs Watt.

Mit der Pferdekutsche auf eine Insel – das gibt es nur in Norddeutschland!

Die Stadt Hameln –
dank des Rattenfängers
weltbekannt .

Die wahre Geschichte des Rattenfängers von Hameln erzählen

Okay, das ist in der Tat schwer – auch für uns Norddeutsche. Denn bis heute rätseln Forscher über die wahren Hintergründe der Sage. Aber als richtiges Nordlicht sollte man zumindest mitreden können, wann immer es um die weltbekannte Geschichte über den Rattenfänger aus der kleinen, malerischen Stadt im Weserbergland in Niedersachsen geht.

Im Jahre 1284 herrschte dort nämlich eine große Rattenplage. Eines Tages erschien ein Mann in bunten Kleidern, der versprach, gegen einen kleinen Lohn, die Stadt von allen Ratten und Mäusen zu befreien. Er lockte das Getier mit seinem Flötenspiel aus den Häusern heraus und hinein in die Weser, wo die Vierbeiner allesamt ertranken. Die Bewohner aber verweigerten ihm nach getaner Arbeit seinen Lohn und er zog verbittert von dannen. Doch seine Rache folgte auf dem  Fuß: Einige Zeit später kehrte er als Jäger verkleidet zurück und erneut erklang in Hameln sein Flötenspiel. Dieses Mal aber folgten ihm die Kinder der Stadt, 133 an der Zahl, hinein in einen Berg, in dem sie für immer verschwanden. Nur drei Kinder blieben der Stadt erhalten: Ein Kind war auf halbem Wege umgekehrt, um sein Obergewand zu holen, und war auf diese Weise dem Unglück entkommen. Die zwei anderen hatten den Anschluss an die Schar verloren. Das eine aber war blind, sodass es den Ort nicht zeigen konnte, und das andere stumm, sodass es nicht erzählen konnte, wo er lag.

Diese spektakuläre Aktion hat Hameln für immer geprägt und weltweit bekannt gemacht. Da nach dem denkwürdigen Vorfall die Bürger der Stadt eine neue Zeitrechnung – *nach dem Ausgang unserer Kinder* – einführten, gilt das Ereignis als historisch belegt. Aber was hat es mit dem mysteriösen Verschwinden der 130 Kinder wirklich auf sich? Lange Zeit erzählte man sich, ein Zauberer oder der Teufel persönlich sei Urheber des Unglücks gewesen; heute existieren verschiedene Theorien für eine historisch nachvollziehbare Tragödie. Waren die Kinder etwa in Wirklichkeit auf einen Kinderkreuzzug geschickt worden? Doch diese Theorie ist eher unwahrscheinlich, da der letzte bekannte Kinderkreuzzug 1212 stattfand – etliche Jahre zuvor also.

Oder warb der vermeintliche Rattenfänger schlicht für die Besiedlung neuer Gebiete und suchte dafür Freiwillige? Dafür spräche, dass viele Bewohner der großen und überfüllten Städte im 13. Jahrhundert nach Osten flohen. Es ist sogar belegt, dass bunt gekleidete *Werber* des Ritterordens durch die Städte zogen und dabei von Pfeifern und Trommlern begleitet wurden, um Bürger für die Umsiedlung zu gewinnen. Unter anderem in Brandenburg – damals ein entvölkertes Gebiet – identifizierten Sprachforscher Orte, die ähnlich klingen wie alte Ortschaften aus der Region Hameln und dem Weserbergland. Auch die Verschiebung von Familiennamen aus dem Wesergebiet Richtung Osten ist belegt.

Eine weitere Theorie ist, dass die 130 Kinder der Pest zum Opfer fielen. Dass es die Ratten selbst sind, die Krankheiten übertragen, war im Mittelalter noch nicht bekannt, wohl aber, dass der Schwarze Tod nah war, wenn die Tiere in Scharen durch die Straßen huschten.

So ranken sich seit über 700 Jahren unzählige Theorien um die Geschichte des Verschwindens der Hamelner Kinder. Welche davon der Wahrheit entspricht, kann keiner mit Bestimmtheit sagen. Und auch über das eigentlich noch viel wichtigere Thema – wie sich eine Rattenplage mit einer Pfeife in den Griff bekommen lässt – gibt es leider noch keine hilfreichen, näheren Erkenntnisse.

Rattenfänger von Hameln
Ich weiß Bescheid seit ....

FKK

Für die prüden Wessis wie Schöneberger ist das sowieso nichts, für alle Zonenkinder, die an der schönsten Küste Deutschlands leben, gehört das Zelten in den Dünen und das Nacktbaden am Strand zu den Sachen, die ein richtiger Ostnorddeutscher machen sollte. Dazu ein ostdeutsches Bier – Ossiherz, was willste mehr?!

So schrieb Frau B. aus Rostock – und scherte dabei leider gleich alle Bewohner der Nordstaaten des alten Westens mit den Südländern dieser Deutschlandhälfte über einen Kamm. Damit steht sie nicht allein da: Viele Menschen, die in der DDR gelebt haben, meinen, *der Wessi* an sich hätte ihnen ihre FKK-Kultur im Zuge der Wiedervereinigung weggenommen.

Dieses Bild soll nun ein wenig gerade gerückt werden: Sicher, als die Mauer fiel, war es im Osten eher unüblich, sich mit irgendeinem Textil am Leibe am Strand zu zeigen; sicher auch trägt man dort seit 1989 wieder in zunehmendem Maße Bademoden zur Schau. In den Seebädern der Ostsee wird zudem inzwischen recht strikt auf die Trennung von *Mit* und *Ohne* geachtet, wobei die Zahl der *Offiziellen Textilstrände* – der Schutzzonen für die Prüden also – eine ganze Weile stark zugenommen hat.

Was allerdings wenige *Ossis* wissen: In den 70er- und 80er-Jahren war FKK auch an den Westküsten viel verbreiteter als heute! Sogar in die Stadtparks von Hamburg oder Bremen konnte man sich legen, wie man wollte! Die Zeit war eben eine tolerantere ... Die junge Generation von heute – und zwar in Ost wie in West! – zeigt sich einfach nicht mehr so gerne *ohne*.

Nacktsein war übrigens nie ein offizielles Bürgerrecht der DDR – im Gegenteil: Bis weit in die 60er-Jahre hinein wurde die *wilde Freikörperkultur* recht streng geahndet. Erst durch die dauerhafte, konsequente Auflehnung der DDR-Bürger gegen die Badehose, knickten die greisen SED-Funktionäre mit ihren Meckereien über etwaige Unmoral ein. Das fiel ihnen dann insgeheim sogar relativ leicht, weil Nackte an sich ja in keiner Weise dem Staat schaden konnten – schließlich können Hüllenlose per se ja rein gar nichts verbergen!

Historisch gesehen muss man das Baden *Mit* oder *Ohne* – oder nein, vielmehr das Baden überhaupt! – sowieso viel eher in Nord und Süd einteilen.

Alle Küstenbewohner sind nämlich von alters her immer mal ins Wasser gesprungen, um sich abzukühlen – meist, wie Gott sie schuf. An der eher kalten Nordsee musste man sich nach dem Bad gleich wieder anziehen, um nicht zu erfrieren. (Muss man heute übrigens immer noch ...) Daher ist die Nordsee an sich schon nicht besonders FKK-geeignet. Anders die Gestade der wärmeren Ostsee: Hier ist es durchaus möglich, sich nach der Erfrischung im kühlen Nass noch etwas in der Sonne aufzuwärmen. Das wurde aber schon lange vor der Gründung der DDR – und sogar an *Schleswig-Holsteins* Küsten! – als *Schwedisches Baden* toleriert.

Dann kamen irgendwann die Touristen aus dem Süden: Menschen aus fast wasserfreien Zonen – wie Hessen oder Württemberg –, die also nie eine Erziehung im Umgang mit Bademöglichkeiten genossen hatten; die von der katholischen Kirche geprägt waren – was eine besondere Prüderie impliziert; kurzum: die unter keinen Umständen nackt ins Wasser springen wollten – wenn man denn überhaupt ins Wasser ging. Ihretwegen zogen sich die Norddeutschen zum Bade überhaupt erst an! Schließlich ist man ja höflich und will niemandes Schamgrenze überschreiten ...

Die Küstenbewohner der DDR hatten nun das Glück, viel weniger südliches Hinterland zu besitzen als die im alten Westen: Was sind schon die paar Sachsen und Thüringer gegen die Heerscharen von Schwaben, Bayern & Co., welche die Nordmenschen in Schleswig-Holstein und Niedersachsen verkraften mussten! Den *Nord-Ossis* gelang es daher auch viel leichter, ihre wenigen Brüder und Schwestern aus dem Süden von der freikörperlichen Badekultur zu überzeugen. Als allerdings nach der Wende die Verwandten aus dem Westen neugierig Meck-Pomms Küsten begutachteten, wurde die Missionsarbeit auch hier immer schwieriger; das Resultat: *Textilbadestrände* als Reservate für die verschreckten Süd-Westler – wie es sie *drüben* schon länger gab ...

Ein echter Norddeutscher – egal, ob in Ost oder West! – kann seine naturgegebene Toleranz und seine angeborene Höflichkeit gerade beim Thema FKK unter Beweis stellen: Jeder macht, wie er mag – aber niemand soll in eine peinliche Situation gebracht oder gar zu etwas gezwungen werden!

FKK ist Herrn Momsen meistens etwas zu frisch ...

Schafe streicheln

Mit dem Fahrrad am Deich durch eine Schafherde fahren und während der Fahrt mit der Hand ein Schaf streicheln bzw. berühren. Das haben mein Freund Peter und ich gemacht, als wir zum Urlaub in St. Peter-Ording waren. (...) Das war mit das Schönste, was ich bisher erleben durfte. Und ich finde, das sollte jeder Norddeutsche mal gemacht und erlebt haben! ES WAR TOLL!

Kerstin R. aus Hannover

Das klang so schön – da wollte Herr Momsen doch auch einmal ein Schaf streicheln!

In der Praxis ist die Sache dann allerdings ziemlich kompliziert geworden: Zumindest die Schafe vom **Glückstädter Elbdeich** mochten das nämlich nicht so recht ...

Aus der Ferne besehen wirken die Zweihufer sehr behäbig: Bräsig stehen sie in der Sonne und knabbern am Gras. Manche schauen in die Ferne und sinnieren, einige liegen in der typischen Lämmchen-Haltung

am Boden. Alles wirkt unendlich entspannt. Da wird man doch mal freundlich streicheln dürfen? Aber nichts da: Kaum nähert man sich den Viechern auf mehr als drei Schritte, springen sie auf und hoppeln ein paar Meter davon. Aber eben nur ein paar Meter – dann kehrt ihre Seelenruhe wieder zurück und alles wirkt wie zuvor. Das Spiel wiederholt sich jedoch sofort, sobald man in eine bestimmte, geradezu magische Diskretionszone eindringt: Weg sind sie!

Herr Momsen versucht es mit Tierpsychologie: Er stellt sich in gebührendem Abstand vor einem dieser Wolllieferanten auf, der gerade mit großer Gelassenheit die Qualität eines Grasbüschels prüft, und redet auf ihn ein. Spricht über das Wetter, die letzten Fußballergebnisse und lobt die Fortschritte in der Schafszucht der letzten dreißig Jahre. Gelangweilt schaut das Schaf ihn an. Herr Momsen redet weiter: Über die Wirtschaftskrise und den wunderbaren Pullover aus Merinowolle, den ihm seine Frau zu Weihnachten geschenkt hat. Dabei geht er einen Schritt vor. Das Schaf bleibt. Ob er, fragt Herr Momsen, einmal den Rohstoff berühren dürfe, der diesen wunderbaren Pullover ... dabei macht er eine kleine Bewegung zu weit nach vorn – und das Schaf läuft davon.

Verzweifelt versucht es Herr Momsen am Ende mit Hinterherlaufen bzw. -jagen. Aber auch das führt nicht zu dem gewünschten Ergebnis: Die Schafe sind offenbar geübt im Davonrennen, schlagen raffinierte Haken und haben im Zweifelsfall immer mehr Kondition als ein Mensch. So gibt sich Herr Momsen schließlich geschlagen – und hat kein Schaf gestreichelt. Abends, als er wieder zu Hause ist, liest er sich – leicht frustriert – noch einmal die Einreichung von Frau R. durch. Da fällt es ihm wie Schuppen von den Augen: Ja klar, beim nächsten Mal kommt er auch mit dem *Fahrrad*! Damit ist man natürlich viel schneller hinter den Biestern her ...

Aus der Ferne besehen sind
Schafe doch am schönsten ...

Mit der
Pünte fahren

Heinz Penning ist Fährmann der *Pünte* auf der **Jümme** ... Das klingt jetzt ein bisschen nach Sprachübung für (ostfriesische) Schauspieler – aber so heißen unsere Protagonisten nun mal! Die Jümme, das ist ein kleiner Fluss bei **Leer**, der erst in die **Leda** und schließlich in die **Ems** mündet, die Pünte ist eine Fähre, die über diesen Fluss übersetzt und Heinz Penning ist der Kapitän darauf. Ein Kapitän, der sehr stolz auf seine Fähre ist, denn es gibt „keine vergleichbare in ganz Nordeuropa", so Penning.

Urkundlich erwähnt wurde sie erstmals im Jahre 1562 – und seitdem hat sich zumindest an einem Attribut nichts verändert: Einen Motor sucht man bis heute vergebens! Nur mit Muskelkraft ziehen der 61-jährige Fährmann und seine zwei Azubis den 30-Tonnen-Kahn an einem Stahlseil über den Fluss. Immer hin und her, rund 50 Meter zwischen den beiden Ufern von **Amdorf** und **Wiltshausen**. Und das jedes Jahr von Anfang Mai bis September. Mit einem *Klimmholz*, einer Art handlicher Holzvorrichtung, hängen sie sich dann in das mehrere Zentimeter dicke Seil und laufen, mit sichtbarer Kraftanstrengung, gegen die Fahrtrichtung auf dem Deck der Fähre. Dadurch setzt sich die Pünte langsam in Bewegung und gleitet schließlich bis ans andere Ufer. Dort springt dann einer der Fährmänner von Bord und senkt die Ladeklappe ab, sodass Passagiere und Fahrzeuge wieder ans Ufer kommen. Einzig bei Sturm und Niedrigwasser liegt die Pünte still. Dann sitzen Penning und seine Jungs in ihrem kleinen Häuschen am Ufer, spielen Karten, trinken dampfenden Tee und hoffen auf besseres Wetter.

An schönen Tagen dagegen sind die drei pausenlos im Einsatz. Mal transportieren sie drei Autos – mehr gehen nicht an Bord –, mal eine Gruppe älterer Herren auf Fahrrädern. Gelegentlich muss auch ein Polizei- oder Krankenwagen in Eile über die Jümme geschifft werden. Der größte Auftrag, den Penning je zu erledigen hatte, war allerdings eine Gruppe von gleich 100 Radrennfahrern, die unbedingt die direkte Verbindung über das Wasser nutzen wollten. Zwar existiert heute wenige Kilometer entfernt auch eine Fahrradbrücke, doch gerade Touristen schätzen die Tradition der handgezogenen Fähre. Einige kommen allerdings auch nur zum Schnacken, bringen Penning zur Eröffnung der Saison am 1. Mai Geschenke mit oder wollen ihn auf einen Schnaps einladen. Zumindest bei letzterem lehnt er dann freundlich ab. Die Pünte muss nämlich nicht nur mit Kraft, sondern auch mit *Köpfchen* bewegt werden! Ständig ändern sich Tide und Fließgeschwindigkeit; Penning muss jederzeit darauf reagieren und die Route entsprechend anpassen. Das geschieht, indem er mal das Seil etwas verkürzt, mal wieder etwas mehr *Leine gibt*. Ab und zu kreuzt auch ein anderes Boot den Weg; dann muss das Stahlseil abgesenkt werden, damit sich die Schiffsschraube nicht darin verheddert.

Alles kein Grund für Penning, sich aufzuregen: Nach 16 Jahren *an Bord* gibt es nichts, was er nicht schon erlebt hat – außer eines schweren Unfalls.

Dass die Pünte überhaupt noch fährt, ist übrigens nur den engagierten Bürgern der Gemeinde zu verdanken: Als der Landkreis den Betrieb aus Kostengründen Mitte der 70er-Jahre einstellen wollte, gründeten sie den **Verein zur Förderung und Erhaltung der historischen Pünte als Denkmal auf dem Wasser e. V.** Durch die Beiträge der mittlerweile mehreren hundert Mitglieder durfte die Pünte weiter existieren und ist mittlerweile sogar denkmalgeschützt. So ist eine Fahrt auf ihr in vielerlei Hinsicht eines der Dinge, die man als Norddeutscher unbedingt einmal getan haben muss!

Einmalig in Nordeuropa: die Pünte in Ostfriesland.

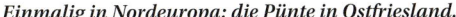

Den steilen Hang hinauf durch den Fichtenwald.
Dort, im Unterholz raschelt es! Haben wir Dich endlich!
Doch nein: Nur ein Reh springt davon … Weiter bergan,
vorbei an schroffen Felsen. Verbirgst Du Dich dort,
Du Höllenwesen? Komm' hervor und zeig' Dich!
Es bleibt still. Und hinter dem Gestein ist: nichts …

Das Brockengespenst jagen

Liebe Geisterjäger,

wenn Sie so ungestüm an einem sonnigen – oder wenigstens klaren – Tag durch den Harz tollen, werden Sie mit Sicherheit das **Brockengespenst** *nicht* zu Gesicht bekommen. Auch nicht, wenn es in Strömen regnet. Nach Einbruch der Dunkelheit sowieso nicht – allen Legenden von der Geisterstunde zum Trotz.

Wenn Sie sich aber im Nebeldunst den Bergkuppen nähern, dann kann es passieren, dass vor Ihnen im diffusen Grau eine Gestalt auftaucht. Sie hat die Umrisse eines Menschen, scheint aber wesentlich größer als alle bekannten Vertreter der Gattung Homo sapiens. Genau feststellen lässt sich die Größe allerdings nicht, weil das Wesen in ständiger, wenn auch behäbiger Bewegung ist. Es scheint jedoch nicht zu *gehen*, sondern in der Luft zu *schweben*! Dabei macht es keinerlei Geräusche. Versucht man, durch freundliche Worte Kontakt mit dieser Erscheinung aufzunehmen, erhält man als Antwort nur Friedhofsstille. Sinnlos ist es auch, sich hastig darauf zu stürzen: Die Gestalt weicht jeder Bewegung aus und verschwindet womöglich so geisterhaft-plötzlich, wie sie erschienen ist. Das Brockengespenst ist nämlich extrem scheu ...

Bei der Jagd auf den Geist ist der Weg das Ziel: Mehr als *sehen* wird man diesen Harzbewohner niemals können – weil es sich bei ihm nämlich um eine optische Täuschung handelt! Sie entsteht, indem die Sonne *von hinten* auf den Geisterjäger scheint und dadurch ein Schatten auf die Nebelbank *vor ihm* geworfen wird. Die Abermilliarden frei schwebenden Wassertröpfchen in diesem Dunst reflektieren diesen Schatten – aber eben nicht wie eine zweidimensionale Wand, auf der man Größe und Gestalt des Schattens klar als Bild erkennen und kategorisieren kann. Der Schatten auf einem Nebel aber ist ein dreidimensionales Gebilde – und bei einem solchen versagt unsere Wahrnehmung. Allein schon dadurch, weil mögliche Referenzpunkte wie Bäume im Dunst nicht zu erkennen sind. Das Gehirn meldet also schlicht: *Undefinierbare Größe – aber irgendwie: groß!* Ein *normaler* Schatten tut normalerweise genau das, was wir auch gerade machen – still stehen, zum Beispiel. Dadurch, dass die Wassertröpfchen des Nebels aber durch die Luftbewegung ständig zum Tanzen gebracht werden, bewegt sich auch der Schatten des Beobachters unaufhörlich: Er bekommt eine Art Eigenleben. Zumindest nehmen wir es so wahr ... und schon wird ein Gespenst daraus!

Jahrtausende lang berichteten Wanderer immer wieder von furchterregenden Begegnungen mit schweigsamen Riesen; erst 1780 konnte der Theologe und Naturforscher **Johann Esaias Silberschlag** Entwarnung geben, indem er alles auf ein Naturphänomen zurückführte. Theoretisch kann diese Geistererscheinung überall auftreten; Silberschlag gewann seine Erkenntnis aber tatsächlich auf dem **Brocken** im **Harz**, wo man die vermeintlichen Riesen bis heute besonders häufig antrifft – darum tragen diese Gespenster auch den Ort im Namen. Hier herrscht nämlich an rund 300 Tagen im Jahr Nebel. Beste Voraussetzungen also, um Bekanntschaft mit den Verwandten von Hui Buh zu machen!

Das Brocken-
gespenst
gejagt am ....

Den Müritzsee
durchschwimmen
erledigt am ....

Am Müritzschwimmen teilnehmen

Man kennt ihn hier in **Waren an der Müritz**, den Dietmar Schweizer. Den freundlichen, gemütlichen Herren mit dem grauen Schnauzer. Ständig klopft ihm jemand auf die Schulter, wünscht ihm Glück, fragt ihn nach Tipps. „Noch 15 Minuten bis zum Start", schallt es aus den kleinen Boxen an einem VW-Bus, dann donnern wieder aktuelle Chart-Hits über den kleinen Strand. Schweizer wirkt locker, klopft Sprüche, macht Debütanten Mut. Die äußeren Bedingungen stimmen: 22 Grad Lufttemperatur, das Wasser hat immerhin

19 Grad. Viel kälter dürfte der zweitgrößte See Deutschlands auch nicht sein, denn Neoprenanzüge sind bei diesem Wettbewerb strengstens verboten. Noch 10 Minuten bis zum Start. Schweizer schaut aufs Wasser, kneift die Augen zusammen und peilt in der Ferne schon einmal das Ziel an. 1.950 Meter quer durch die Müritz liegen vor ihm und den 516 weiteren Schwimmern. Vom Strand des **Seebads Ecktannen** bis zum **Volksbad Waren**. Er kennt die Strecke im Schlaf. Seit 42 Jahren gibt es das **Müritzschwimmen**, 42 Mal ist Schweizer angetreten, 42 Mal hat er das Ziel erreicht. Gerade einmal 14 Jahre alt war er bei der Premiere.

Noch fünf Minuten bis zum Start. Viele Schwimmer sind schon im Wasser, nun endlich legt auch Schweizer seinen borstigen, rot-blau-gestreiften Bademantel ab. Der bringe ihm Glück, versichert er, und das seit über 30 Jahren. Mit einem breiten Grinsen quetscht er sich in die quietsch-gelbe Badekappe des Veranstalters und klettert den halben Meter vom Ufer in die Müritz. Noch 30 Sekunden bis zum Massenstart aus dem hüfthohen Wasser. Die Anspannung der Schwimmer ist deutlich zu spüren. Dann der Startschuss. Vom Bürgermeister höchstpersönlich abgefeuert, der heute extra im schicken weißen Jackett auftritt. 517 gelbe Badekappen preschen nach vorn. An der Spitze setzen sich schnell eine Handvoll Schwimmer ab, Schweizer lässt es gemütlicher angehen. Ihm geht es weniger um die Platzierung, er schätzt besonders das Schwimmen inmitten der schönen Natur der Mecklenburgischen Seenplatte. Der Wettbewerb ist für ihn eher Nebensache.

Seit über 30 Jahren unzertrennlich: Dietmar Schweizer und sein Glücks-Bademantel.

Nach weniger als 23 Minuten kommen die ersten Schwimmer ins Ziel, unter dem tosenden Applaus von rund 200 Zuschauern. Sie jubeln allesamt auf einem hölzernen Steg, der rund 30 Meter ins Wasser hineinreicht. Freiwillige reichen isotonische Getränke, von einem Wachturm beobachtet die DLRG das Geschehen. Die Atmosphäre gleicht die bei einem Dorffest, es gibt Bier und Würstchen, Kinder toben auf der angrenzenden Grünfläche, ein Moderator hält die Zuschauer über einen Lautsprecher bei Laune und gibt die Platzierungen bekannt. Dietmar Schweizer ist derweil noch im ersten Drittel unterwegs, genießt die Natur.

Der Weg ist das Ziel. Genau 59:00 Minuten lässt er sich Zeit und kommt schließlich als 469. an. Sichtlich erschöpft, aber mit gewohnt breitem Grinsen steigt er aus dem Wasser. Der Moderator holt noch einmal das Letzte aus den mittlerweile etwas klatschmüden Zuschauern

Schweizer im Ziel. Und Kraft für ein Siegerlächeln hat er auch noch.

heraus und lässt ihn hochleben. Dietmar ist sichtlich stolz, er strahlt, er hat es wieder einmal geschafft. Am Ufer wartet schon seine Frau mit dem geliebten Bademantel. Er schnauft einmal tief, fragt lautstark nach einem Bier und schlüpft in seinen Glücksbringer. Der wird ihn auch im nächsten Jahr wieder begleiten. Beim 43. Müritzschwimmen. Dann will er es nämlich wieder bis zum Schluss schaffen, wieder unter einer Stunde bleiben und am besten nicht als Letzer durchs Ziel schwimmen. Auch wenn dieser Letzte jedes Jahr einen Blumenstrauß bekommt und in der Presse namentlich erwähnt wird. Es lohnt sich also wirklich für jeden Norddeutschen, einmal beim jährlichen Müritzschwimmen in Mecklenburg-Vorpommern anzutreten.

Auf ein Windrad steigen

Ein echter Norddeutscher muss einmal in seinem Leben unsere begehbare Windkraftanlage des Typs E 66 in Westerholt über eine Wendeltreppe mit 297 Stufen aus eigener Muskelkraft bestiegen und dann Ostfriesland aus einer Höhe von 65 Metern bewundert haben.

(Frau H. aus Wersterholt)

65 Meter ist ziemlich hoch für Ostfriesland, wo die größte natürliche Bodenerhebung gerade mal 30 Meter über dem Meeresspiegel liegt. Einerseits. Andererseits ist ein Windkraftrad von 65 Metern Höhe eher durchschnittlich in dieser Gegend, die mit den Ökostrom-Erzeugungsgeräten reichlich vollgestellt ist. Die Giganten dieser Zunft messen bis zu 135 Meter Höhe. Aber egal, ob groß oder klein: Windräder jeden Formats machen hier durchaus Sinn, denn wenn es eines reichlich gibt, dann ist es Wind. Fast ständig weht er über das flache Land und lässt die Arme der Riesen mit den Rotoren ständig rudern.

Diese Windkraftanlagen gehören inzwischen zu unserem Alltagsbild wie Wälder und Wiesen. Nur, dass die eben nicht ein Fünftel unseres Stroms erzeugen. Auf so einen Propellermast mal als Privatperson hochzukommen, sollte also kein Problem sein, oder? Doch, es ist ein Problem – ein ziemlich großes sogar: Der Zutritt der Anlagen ist nämlich nur Fachpersonal gestattet, denn entweder gibt es da nur eine wackelige Leiter, an die man sich anseilen muss, um an ihr hinaufzuklettern, oder einen provisorischen Fahrstuhl, der eher einem Wäschekorb an der Leine gleicht und heftig im Wind schaukelt. Für beide Turmerklimmungsarten braucht man eine semi-alpine Spezialausbildung und muss absolut schwindelfrei sein. Oben angekommen wartet auf den Kletterer zudem nur eine schmale Arbeitsplattform. Hier ein falscher Schritt – und man kann nur hoffen, dass man das Anseilen nicht vergessen hat. Sonst startet man nämlich unweigerlich zu seiner letzten Flugreise ...

Aus diesen verständlichen Gründen lassen die Kraftwerksbetreiber höchst ungern Flachland-Normalos auf ihre Bauwerke. Die einzige Ausnahme von dieser Regel findet sich in Norddeutschland, im ostfriesischen Westerholt: Hier hat man nämlich *in* die Stahlröhre, die den Rotor hält, eine Wendeltreppe einbauen und unterhalb des Maschinenraums eine verglaste Aussichtsplattform installieren lassen – eigens für Besucher wie Du und ich. Ein kleines Abenteuer ist der Aufstieg dennoch: Am Boden bekommt man einen Bauhelm ausgehändigt – o. k., ist halt ein Werksbetrieb. Etwas mulmig wird es einem dann, wenn man dazu noch die obligate Atemmaske in die Hand gedrückt bekommt – für alle Fälle von Rauchentwicklung, Gasangriff und sonstiger Atemnot. Ausgerechnet in einer Anlage, die mit *bewegter Luft* betrieben wird! Aber gut, in einem Flugzeug wird einem ja auch immer der Gebrauch der Schwimmwesten unter den Sitzen erklärt – und die hat schließlich auch kaum einer je gebraucht ... Also nur Mut und hinaufgewendelt!

297 Stufen – das entspricht ungefähr 14 Stockwerken bei einem Haus. Man braucht also schon etwas Kondition und es ist nur ein schwacher Trost zu erfahren, dass ein 15-Jähriger die Strecke rauf und runter schon mal in weniger als zwei Minuten geschafft hat. Rauf und runter in dieser

engen, vertikalen Röhre, die nur mäßig von Neonlampen beleuchtet wird, und in der es merkwürdig rauscht. Nichts für Menschen mit Platzangst. Nach 30 Höhenmetern gibt es eine Verschnaufpause auf einer kleinen Galerie. Aber was ist das? Irgendwas bewegt sich da doch, selbst, wenn man stillsteht. Ist es der eigene Schwindel von der ewigen Wendeltreppe – oder *schwankt* der Turm?

Ja, es ist der Turm, der schwankt. Kontrolliert natürlich. Die Windkräfte setzen die Rotoren und damit auch die gewaltige Stahlröhre, an der sie sich drehen, in Bewegung. Aber dafür ist das alles ja schließlich konstruiert. Sagt man sich. Mit einem Stoßgebet an den Gott der Ingenieurskunst geht es zum Endspurt. Nur noch etwas über 100 Stufen. Endlich: eine Art Schott, wie man es aus U-Boot-Filmen kennt. Und dann: Weite! Der Blick ist schon atemberaubend: Grüne Wiesen, so weit das Auge reicht. In regelmäßigen Abständen weitere Windkrafträder. Der Ort Westerholt. Das Meer in der Ferne. Da unten, ganz klein: Kühe, die dösig grasen. Mit sanftem Brummen schieben sich zwischen diese Bilder in gleichmäßigem Takt die Rotorblätter. Von hier oben wirken sie noch viel größer als aus der Untersicht. Ihre Bewegungen versetzen den Turm in sanfte Schwingungen. 1 Meter 50 maximal hin und her – bei mehr Windstärke dreht sich die Apparatur automatisch aus dem Wind.

Ehrfürchtig bekommt man eine Ahnung davon, was für Titanenkräfte hier walten – und wie kluge Techniker sie einfangen. Es läuft alles wie geschmiert, der Turm stürzt nicht in sich zusammen. Stattdessen entstehen da in dem tonnenschweren Motorblock, der sich über der Plattform befindet, andauernd Kilowatt, Volt … oder was immer die Lampe, den Kühlschrank oder den Fernseher antreibt.

Nach einer Zeit des Staunens geht es wieder hinab; und schon bei diesem Abstieg ist man irgendwie stolz, Norddeutscher zu sein: Denn wir haben den Wind ja immer schon gehabt – viel mehr, als die aus den Bergen! Und nun nutzen wir ihn … für alle!

Windrad erklettert am ....

Neben Strom bieten Westerholts Windräder auch prima Aussichten.

Herr Werner Momsen und sein Schatten Detlef Wutschik

Dank

Dieses Buch wurde erst möglich durch die Mitwirkung von ganz vielen Menschen und Institutionen, denen wir hier ohne irgendeine besondere Reihenfolge danken möchten:

Den Kutschern und Kutschpferden von Cuxhaven und Neuwerk • Irina aus Bukarest – der begeisterten Besucherin von Wacken • Dietmar Schweizer für seine Schwimmkünste in der Müritz • Den kühnen Tretboot-Kapitänen von Ahlbeck • Jessy für das anregende Koffein-Getränk auf dem Fischmarkt • Inkasso-Henry für die vielen Wirtschaftstipps rund um den Hamburger Hafen • Annie für ihre Hotdogs – und allen Ostseeseglern für ihre Navigationskünste • Antje & allen anderen Seehunden • Allen Krabben, die sich leicht pulen lassen • Dem Fallschirmpiloten, der Chris sicher wieder zur Erde brachte • Den mutigen Ausbootern von Helgoland • Koni, der die Erinnerung an die DDR bewahrt • Den Weinpionieren von Schloss Rattey • Heinz mit seiner Pünte auf der Jümme • Allen Boßlern dieser Welt (macht weiter, gebt nicht auf!) • Petrus für das Wetter • Dem Rattenfänger von Hameln • Herrn Theodor Storm • Andi für seine Einführung in die norddeutsche Küche • Klaas, der seine beste Hose für uns ruinierte • Sarah, die für uns Bein zeigte • Den Schafen von Glückstadt • Reederei Rahder aus Büsum • Herrn Dr. Ruge von der Uni Hamburg für sein informatives Moin • Kuno aus Büttenwarder – weil er doch noch mit uns gesprochen hat • Polizeioberrat Wagner für seine charmante Führung in die Unterwelt der Davidwache • Allen Wattwürmern dieser Welt • ... und ihrer größten Beschützerin, Frau Steffens vom Nationalparkhaus Greetsiel • Ventje aus Grimersum und ihren Eltern – die allesamt Fans von Nordseewasser sind • Herrn Hartwig von der HS21 – und allen angehenden Ingenieuren, die einstürzende Neubauten mögen • Allen Touristikexperten und Standesbeamten der Krummhörn • Norddeutschlands Kühen • Norbert Tank und seinem Ensemble • Der Verwaltung der Hauptkirche St. Michaelis • Allen guten Geistern • Der Windkraftanlage Westerholt sowie der ganze Gemeinde • Ganz besonders: Dieter aus Hessen • Den rockenden Inspringer(s) • Den Herren Hans Albers und Helmut Käutner • Der Sandfee Katja • Herrn Werner Momsen und seinem Schatten Detlef • Unseren Redakteuren • Den Grafikern Ulf – goile Sache, ey! – und Jan • Last, but not least: Nina S., die unser Geschreibsel in annehmbare Formen gebracht hat

DANK EUCH ALLEN!

Ulfert & Christopher,
Hamburg, Oktober 2011

Drehpause an der Elbe: Momsen sucht gute Bilder

Bildnachweise, Quellenangaben

S. 4 Ulfert Becker, **S. 7** Ulfert Becker (2) Benjamin Hüllenkremer, **S. 9/8** Pambieni/ pixelio.de, **S. 10** Thomas Lührs/pixelio.de, **S. 11** Uschi Dreiucker/pixelio.de., **S. 12** Albrecht E. Arnold/pixelio.de, **S. 13** Rainer Seemann/pixelio.de., **S. 14/15** Ulf Carstensen, **S. 16-19** Kai Thomas Krause/fotografirma, **S. 20/21** Marco Maas/ fotografirma, **S. 23-24** Horst Lüdecke, **S. 26** Moorhenne/pixelio.de, Ulf Carstensen (Illu.), **S. 27** Rainer Sturm/pixelio.de., **S. 28-31** Marco Maas/fotografirma, **S. 04** S. Hofschläger/pixelio.de, Rainer Sturm/pixelio.de, Ulf Carstensen (Illu), H. La./pixelio.de (u.), **S. 34** marika/pixelio.de, **S. 35** Marco Maas/fotografirma, **S. 36/37** keiner_am computer erstellt/pixelio.de, **S. 38-41** Andreas Kluge/fotografirma, **S. 42-43** Ostfriesland Tourismus GmbH, www.ostfriesland.de, **S. 44** Free sheet Music – Capotasto Music, **S. 45** Ulf Carstensen, **S. 46** Daniel Stricker/pixelio.de, **S. 47** Günther Havlena/pixelio.de, **S. 48/49** liselotte/pixelio.de, **S. 49** Claudia Hautumm/pixelio.de (u.r.), **S. 50** Melanie Mieske/pixelio.de., **S. 52-59** Benjamin Hüllenkremer, **S. 60** Marvin Sievke/pixelio.de, **S. 62-64** Marco Maas/fotografirma, **S. 65** Nico Maack (5)., **S. 66-69** Marco Maas/fotografirma, **S. 70** Rainer Sturm/pixelio. de (o.), Rita Thielen/pixelio.de (u.), **S. 72/73** Marco Maas/fotografirma, **S. 74** Niko Korte/pixelio.de, **S. 74** Marco Maas/fotografirma, **S. 76** Thomas Bobaben/pixelio.de, **S. 77** Marco Maas/fotografirma, **S. 78/49** Thomas Bobaben/pixelio.de, Marco Maas/ fotografirma (re. o.), **S. 82-85** Marco Maas/fotografirma, **S. 86** Ulfert Becker, **S. 88** Ulfert Becker, **S. 89** Reiner Schedl/pixelio.de, **S. 90** Viktor Mildenberger, **S. 92/93** Andreas Kluge/fotografirma, **S. 94/95** Küstenfreund/pixelio.de (Hintergrund), De Inspringer, **S. 96-98** Hochschulde 21., **S. 100/101** Britta Kaufmann (u. li., o. re.), Klicker/pixelio.de (Becher), Klaus Steves/pixelio.de (mi.), **S. 102** Dietmar Meinert, **S. 103** Bernd Sterzl/pixelio.de., **S. 104** Albrecht E. Arnold/pixelio.de., **S. 105** Boris Golizsch/pixelio.de, **S. 106** Helmut Speiel/www.wietze-info.de, **S. 108/109** Marco Maas/fotografirma, **S. 110-112** U. C., **S. 114** Thomas Grünsch/pixelio.de, **S. 115-117** Marco Maas/fotografirma, **S. 118** Stihl024/pixelio.de (o.) Ulfert Becker (2), **S. 119** Rainer Sturm/pixelio.de, **S. 120-123** Ulfert Becker, **S. 124** frei, **S. 125** Bredehorn/ pixelio.de, **S. 126** Rita Thielen/pixelio.de, **S. 129** © Bettmann/Corbis **S. 130/131** Andreas Kluge/fotografirma, **S. 132** Chinnaski/pixelio.de, **S. 133** Andreas Trapp/ pixelio.de, **S. 135** Klaus Kaufmann, **S. 136/137** Marco Barnebeck/pixelio.de, **S. 138/139** Ulfert Becker, **S. 04** Ulfert Becker, **S. 140/141** Ulfert Becker, **S. 142/143** Ostfriesland Tourismus GmbH, www.ostfriesland.de, **S. 144/145** NDR-Grafik/Jan Friederich., **S. 146/147** Andreas Kluge/fotografirma, chocolat01/pixelio.de, **S. 148/149** andreas kluge/ fotografirma, **S. 150** © gettyimages, **S. 153** Mario Mennenga, **S. 154** Ulfert Becker, **S. 156** Ulfert Becker

S. 22 Auszug aus dem Bühnenstück „Penner Paul" von Norbert Tank
S. 124/125 „Der Schimmelreiter" in: „Ausgewählte Novellen von Theodor Storm", Deutsche Buch-Gemeinschaft, Berlin

EBENFALLS BEI EDEL ERSCHIENEN

DAS BESTE AM NORDEN
176 Seiten, Hardcover
mit zahlreichen Abbildungen
Format 18,5 × 25 cm
€ 17,95 (D)/€ 18,45 (A)
ISBN 978-3-86803-446-2

NORBERT EBERLEIN / ULFERT BECKER
ZU BESUCH IN BÜTTENWARDER
LEUTE, LANDSCHAFT, LÜTT & LÜTT
144 Seiten, Hardcover
durchgehend 4-farbig
Format 18,5 × 25 cm
€ 14,95 (D)/€ 15,40 (A)
ISBN 978-3-941378-31-5

Unser gesamtes Programm finden Sie unter: www.edel.com